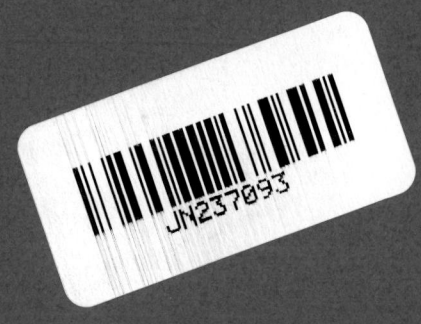

なんで
中学生のときに
ちゃんと
学ばなかったん
だろう…

現代用語の基礎知識・編

おとなの楽習

12

家庭科のおさらい

自由国民社

装画・ささめやゆき

あらためて家事のきほんを学びたい人へ

中学校のとき、「家庭科」で何を学習したか、覚えていますか？ブラウスを縫って、調理実習をして、テストではミシンの糸のかけ方や栄養素を覚えたっけ。でも実際何が役にたったのでしょう。作ったブラウスは絶対着ないような古いセンスだったし、調理実習は何を作ったか、すら覚えていない…。

結局大人になって、必要にせまられて、何も知らないことに気づいてあせる…なんてことが多いのでは？

家庭科では、生活や家事の基本を教えているはずです。しかし、どこか実生活と結びついていないんですね。教科書の上で学んで覚えたつもりでも、いつの間にか忘れています。ズボンのすそがほつれて、はじめて「すそのしまつの方法」を知ろうとし、実践する。風邪をひいて早く治したいとき、何を食べたらいいか考え、そこでやっと栄養素の知識が身に付くのです。

この本では、生活に本当に必要な「家庭科」を改めて考えてみました。ぼんやり覚えていた栄養素も「からだのココに効く」とわかれば、頭にも入り、すぐ使えそうです。

はじめて1人暮らしをする人、急に家事をしなくてはならなくなった人、新婚の人、毎日家事をしているが、どうもわかっていないような気がしている人……日々の暮らしに必要な家庭科の基礎の基礎を効率よく学んで、今すぐ生活に役立ててください。

では、本書の見どころをちょっと紹介しましょう。

第１章は食です。何が困るって、食事が作れないのが一番なので、とりあえず、最低限のごはんとみそ汁のつくり方をまず最初に載せました。これは案外ふつうの料理本には載っていないこと。常識とされているのでしょうが、知っている人も改めて基本を学ぶと、いままでよりおいしくできますよ。

さらに、食材の保存法や、下ごしらえ、料理用語の基礎知識など、料理の常識を知ることができます。

「買い物のコツ」で取り上げた食品表示や栄養表示は、消費者にとってとてもわかりにくくなっていますが、そのからくりをぜひ知って、かしこい食品選びに役立てて欲しいと思います。

第２章の衣では、衣類の手入れと裁縫の基礎を紹介します。洗濯はほとんど洗濯機がやるものとはいえ、ちょっとしたことで、洋服の持ちが良くなります。ボタンやホックの付け方、すそやほころびの直し方も、知らないと困ることのひとつですね。

第３章の住は掃除の仕方。エコ＆シンプル掃除術として、せっけん・重曹・クエン酸だけを使った掃除方法を紹介しました。今まで、用途別にズラッと並んでいた洗剤ボトルの列が、この３つでOK！すっきりとすること請け合いです。

この本を読めば、家事初心者の方はもちろん、そうでない方も「そうだったのか」と思うことがきっとあるはずです。毎日の家事のコツを、ぜひ身に付けてください。

著者

＊もくじ＊

家庭科のおさらい
ほんとうに役立つ家庭科の教科書

第2章　衣——きちっと清潔に

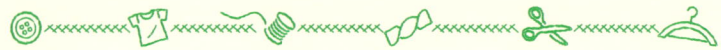

第3章　住──もっと快適に

＊イラストレーション＊　コズカ クミコ

第1章

食——おいしく、健康的に

調理にチャレンジ

1 ごはんを炊く

最近はパンや麺を主食にすることも多くなりましたが、一日一食は、やっぱり米のごはんがいいという人が多いのではないでしょうか。あったかい、おいしいごはんがあれば、気持ちもホッと安らぐというもの。

「調理にチャレンジ」のまず最初は、ごはんの炊き方です。きちんと手順を踏めば、よりおいしいごはんが炊けます。

さらにお鍋で炊く方法も紹介しました。おこげもできるし、炊飯器より短時間で炊けます。炊飯器が壊れたときや停電のときのためにも、お鍋で炊く方法もぜひ覚えておいてください。

1 米を量る

米の1合は180mlです。180mlのカップは、炊飯器を買うと付いてきます。大型スーパーなどでも売っています。ふつうの200mlの計量カップでもかまいません。カップに米を入れ、すりきりで量りボウルに入れます。

2 とぐ

炊飯器の内釜で米をとぐと、樹脂加工が傷ついてはがれてく

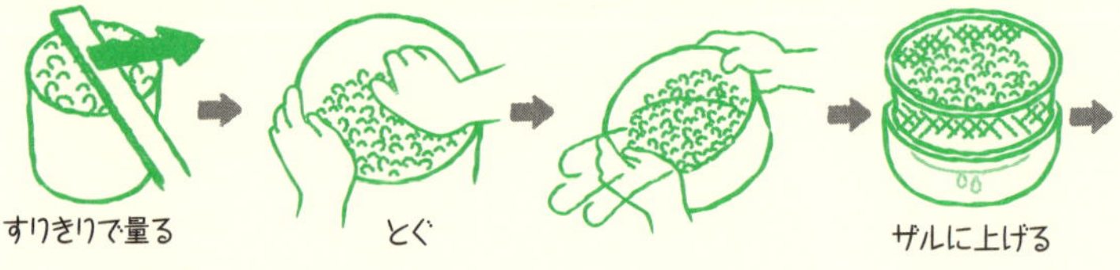

るので、ボウルでとぎます。ボウルに水道から水をたっぷり注ぎ、ざっと数回かき回してすぐ水を捨てます。次に、米をつかみ、手の親指の付け根あたりで押すようにしてとぎます。リズミカルにといで、また水を注いでざっと数回かき回し捨てます。米の量にもよりますが、これを3〜4回繰り返します。最後、水が多少濁っていてもかまいません。最近のお米はあまりぬか臭くないので、それほどしっかりとがなくてもいいようです。それより、ぬかを含んだ水を、米が吸わないように手早く済ませるのが大切です。

とぎ終わったら、米をザルに上げて水を切ります。だいたい10分くらいは水切りします。

3 吸水させる

米を自動炊飯器の内釜に移します。米に対して1〜2割増しの水を入れます。1合(180ml)に対し198〜216mlです。いろいろ炊いてみて、好みのかたさをみつけましょう。米と同量くらいの水加減が好きな人もいます。新米は少な目に、古米は多目の水加減にします。カレーやどんぶり物の場合はややかためがいいでしょう。炊飯器の目盛りに合わせてもかまいません

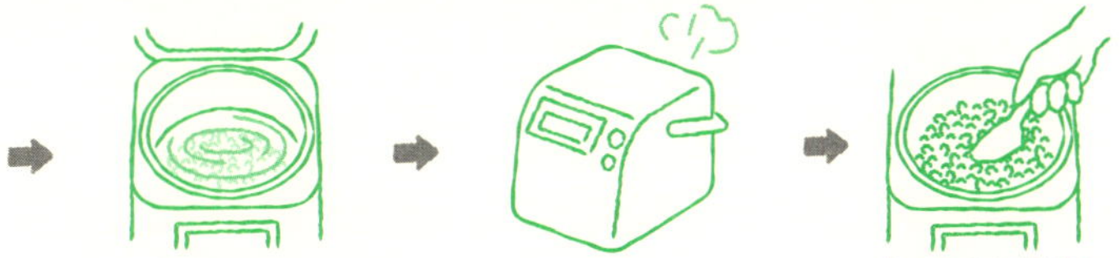

分量の水を入れ、水を吸わせる　炊く　底の方から混ぜる

が、やわらか目になることが多いので、これも試して加減してください。このまま、夏は30分、冬は1時間くらい水を吸わせます。水分の多い新米は、水に浸さず、ザルにあげたまま30分くらい置いて炊いてもいいでしょう。

文化鍋

4 炊く

自動炊飯器ならこれでスイッチを入れます。

＊お鍋で炊く場合＊

お鍋はなるべく厚手で深く、蓋が重くてしっかりしまるものがいいでしょう。土鍋は深いものがいいです。蓋が落とし込みになっている「文化鍋」はふきこぼれず、最適です。昭和30年代にはどこの家庭にもありましたね。今も市販されています。

火をつけるまでと、蒸らし方は炊飯器と同じです。

まず、火をつけたら沸騰するまで強火で→沸騰したら強火のまま10秒くらい待つ→弱火にする（2合以下なら12〜13分、3合以上なら15分くらい）→最後に一瞬強火にする→消火。

5 蒸らす

ごはんが炊けたら、すぐに蓋を開けず、10分ほどそのままにして蒸らします。そのあと、しゃもじで底の方からざっくりと返して余分な水分をとばします。切るようにして混ぜ、かき混ぜ過ぎないのがコツです。炊飯器によっては、保温状態になったらすぐほぐすように指示している製品もあるので、取り扱い説明書をよく読んでください。

6 余ったら

炊飯器の保温は2～3時間以上すると味が落ちます。余ったごはんは、ラップに包んで冷めてから冷凍しましょう。冷蔵より冷凍した方が味が落ちません。

7 炊けたごはんに芯があったら

米3合に対し、酒大さじ１くらいの割合で、酒を全体にふりかけ、再び10～15分蒸らします。またはもう1度スイッチを入れ、切れてから10～15分蒸らします。

ここがコツ!

米はきちんと吸水させる。
蒸らしたご飯はざっくり混ぜる。

プラスワン

鶏とごぼうの混ぜごはん

◆ 材料（2人前）

鶏のひき肉	100g	ごぼう	1/2本
しょうゆ	大さじ１	砂糖	小さじ１
みりん	小さじ１	温かいごはん	ちゃわん3杯分

1 ごぼうはささがきにする。

2 鍋にひき肉とごぼうと調味料を全て入れる。

3 中火で火を通す。

4 ボールに温かいごはんを入れ、3をさっくりと混ぜる。

おかゆの炊き方

病気のときのためにも、おかゆの炊き方はぜひ覚えておきましょう。ここでは、ごく一般的な全がゆ（米1に対し水5の割合のおかゆ）を紹介します。

◆ 材料（2人前）

米	1合	水	5合（900ml）

1 といだ米と水を鍋に入れ、吸水させる。

2 強火にかけ、沸騰したら弱火にして、30～60分くらい炊く。鍋はあったら土鍋がよいでしょう。その場合は強火ではなく中火で。ふきこぼれるときは、蓋を少しずらします。かき混ぜるとねばりがでてしまうので、なるべく混ぜないようにします。

調理にチャレンジ

2 だしをとる

和食のおかずは、カロリーが低く、ビタミンやミネラルが豊富な健康食がたくさんあります。和食のおかずをおいしくするのは、だしです。化学調味料や粉末のだしの素は数多く市販されていますが、天然の素材でとっただしには、なかなかかないません。基本のだしのとり方を覚えておけば、いろいろな料理に応用がききます。

昆布とかつおの合わせだし（一番だし）

お吸い物や煮物などに使います。

◆ 材料（2人分）

かつおのけずり節	10ｇくらい	だし用の昆布	5cmくらい
水	2カップ（400ml）		

1 昆布は、固くしぼったふきんでさっとふく。白い粉はうまみ成分なので落とさない。
2 だしがよく出るように、昆布にはさみで切れ目を入れる。
3 なべに水と昆布を入れ、30分ほどつけておく。
4 弱火にかけ、沸騰直前に昆布を取り出す。

二番だし（煮物、みそ汁などに使います）

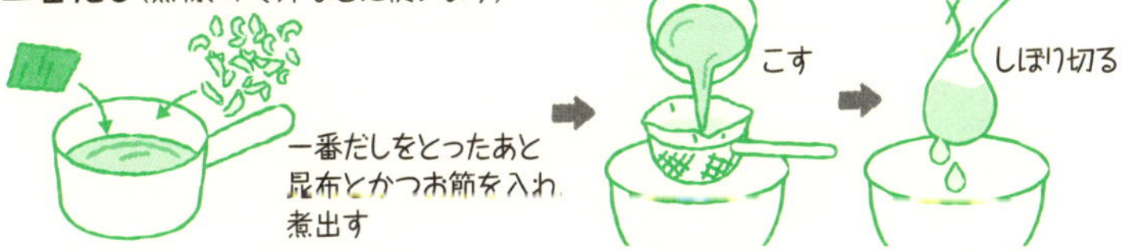

5 けずり節を入れ、再び沸騰したらすぐ火を止める。
6 そのままにして、けずり節が沈んだら、キッチンペーパーなどでこす。

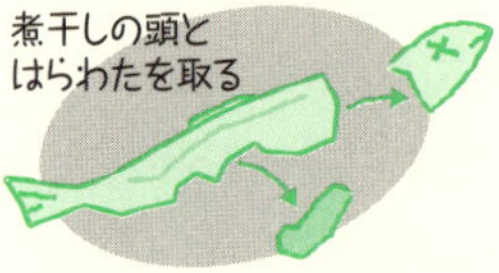

煮干しのだし

みそ汁やそばつゆなどに使います

◆ **材料（2人分）**

煮干し	10ｇくらい	水	2カップ（400ml）

1 煮干しの頭とはらわたは苦くなるので取り除き、身を二つに裂いておく。
2 なべに煮干しと水を入れ、中火にかける。
3 沸騰直前に弱火にし、5～6分煮て火を止める。
4 キッチンペーパーでこす。煮干しだけ引き上げてもよい。

市販のだしパック

やっぱりだしをとるのは面倒だと思ったら、だしパックがおすすめです。かつおや昆布、しいたけ、煮干しなどの粉がパックされており、袋ごと煮出して使います。おいしい濃いだしが簡単にとれるうえ、だしがらをパックごと捨てられるのでこす手間がなく、後始末も楽です。なお、化学調味料や塩分が含まれている製品もあるので、原材料名をよく見て選びましょう。

ここがコツ!

昆布は切れ目をいれる。
煮干しは頭とはらわたを取り、二つに裂く。

みそ汁をつくろう

◆ 材料（2人前）

だし汁	300ml	とうふ	1/2丁
ねぎ	5cmくらい		
みそ	大さじ2（みその種類によって加減する）		

1 とうふをさいの目に切る。まず、とうふの厚みを半分に切ってから1cm角に切る。ねぎは小口切りにする。

2 鍋にだし汁を入れ中火にかける。

3 沸騰したら、とうふを入れる。

4 再び沸騰したら弱火にし、みそを少量の汁でといて入れる。

5 沸騰直前にねぎを入れ火を止める。みそを入れたらぐらぐら煮ない。

プラスワン

いろんな料理に使える、基本のめんつゆ（関東風）

◆ 材料

水	2 1/2カップ（500ml）	しょうゆ	100ml
みりん	100ml	砂糖	小さじ1
かつおぶし	20ｇ	または、だしパック1袋でもよい	
昆布	5cm		

1 材料を全て鍋に入れ、中火にかける

2 沸騰したら弱火にして2分ほど煮る。

3 キッチンペーパーなどでこす。

●だしパックの場合

1 水にだしパックを入れ、沸騰したら5分ほど煮出す。

2 だしパックを軽くしぼって取り出し、しょうゆとみりんと砂糖を加え、沸騰させてみりんを煮切る。

このままの濃さではそばなどのつけつゆに、水で調節して、そばやうどんのかけつゆ、煮物の味付けや丼のつゆ、天つゆなどにも使えてとっても便利です。余ったら冷蔵庫で10日くらいはもちます。このつゆを使った超簡単な親子丼を紹介します。

簡単親子丼

◆ 材料（2人分）

たまねぎ	1/2個	鶏もも肉	100g
卵	2個	三つ葉	少々
基本のめんつゆ	100ml	水	大さじ2
温かいごはん	2人分		

1 たまねぎを1cmくらいのくし切りに、三つ葉は3cmくらいに、鶏肉は一口大に切っておく。

2 基本のめんつゆ、水、たまねぎを鍋に入れ、中火にかける。

3 沸騰したら鶏肉を入れる。

4 鶏肉に火が通ったら、とき卵を流しいれ、三つ葉をちらしてふたをする。

5 卵が半熟にかたまったらごはんの上によそう。

調理にチャレンジ

3 包丁の使い方

包丁は用途によっていろいろな種類があります。三徳包丁（万能包丁）は何にでも使え、初心者でも使いやすいのでおすすめです。他にくだものをむくのに小ぶりのペティナイフもあると便利です。素材は手入れのしやすいステンレスがいいでしょう。

＊包丁の部分名称＊

包丁のそれぞれの部分で、いろいろな事ができます。

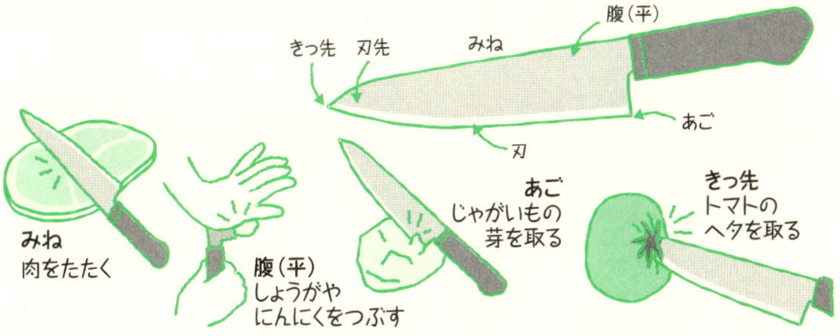

＊材料を持つ手＊　指先が出ないように注意しましょう。

材料と切り方

＊玉ねぎ＊

①芽と根を切り
皮をむく

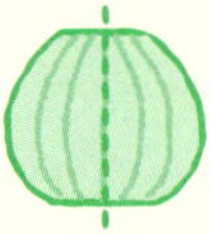

②たて半分に切る

くし切り

③切り口を下にし、
3つか4つに切る

うす切り

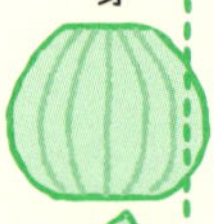

③切り口を下にし、
玉ねぎの上下と
平行に端から
薄く切る

繊維に沿って切って
いるので、シャキシャキ
した歯ごたえがある

③玉ねぎの上下と直角に
薄く切る

繊維を断ち切る
ので、やわらかい

みじん切り

①芽の方だけ切り、
皮をむく

②たて半分に切る

③右ききの場合は
根元を左にし、水平
に3ヵ所くらい切
れ目を入れる。
根元は切り
離さず、
少し残す

④根元を上にし、たてに
切れ目を入れていく。
根元は切り離さない。

⑤再び根元を左にし、
端から薄く切ると
みじん切りになる

＊ごぼう＊

ささがき

①太いごぼうは、たてに１本または十文字に切れ目を入れる

②鉛筆を削るように先端から薄くそぎ切っていく

乱切り

ごぼうを回しながら斜めに切っていく

＊きゅうり＊

斜め切り

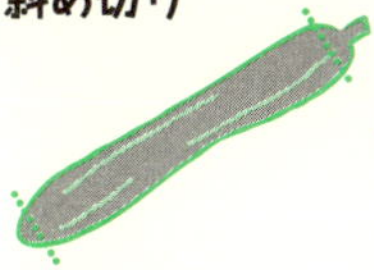

①両端を切り落とす

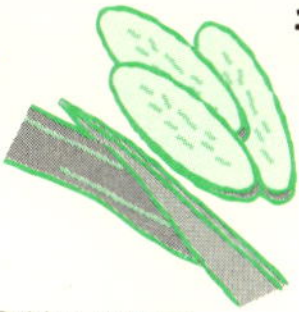

②斜めに切る

千切り

③薄く斜めに切ったきゅうりをずらして置く

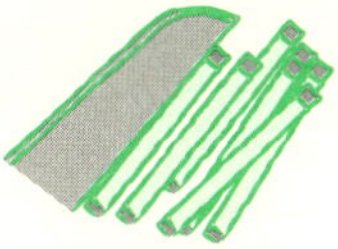

④端から細く切っていく

＊ねぎ＊

白髪ねぎ

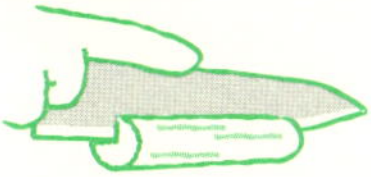

①5cmくらいの長さに切り、たてに包丁を入れる

②芯を抜いて広げる

③端から細く切っていく

みじん切り

①たてに切れ目を入れる。細かくしたいときはたくさん入れる

②端から切っていく

小口切り

端から薄く切っていく

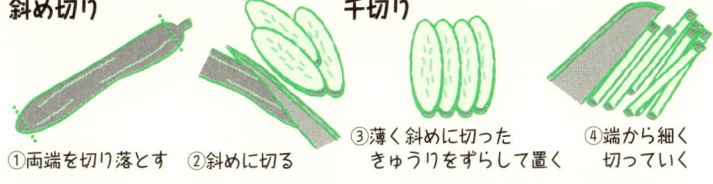

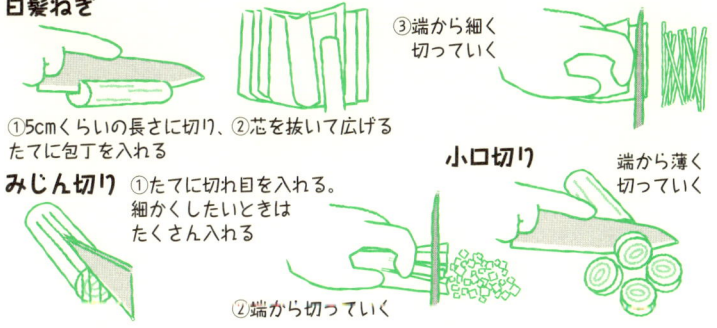

＊にんじん＊

輪切り 料理に合った厚さに端から切っていく

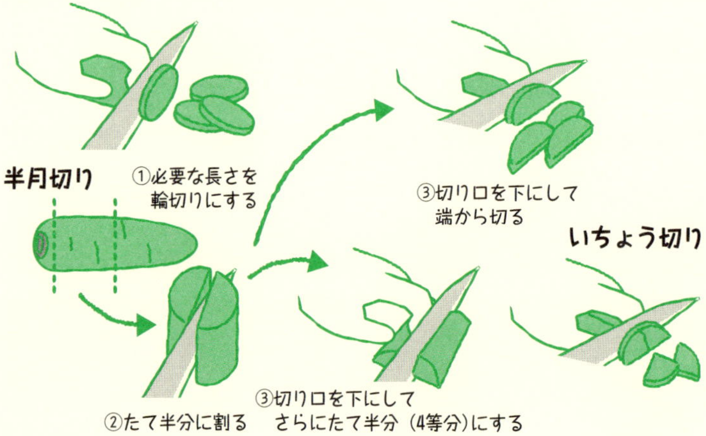

半月切り
①必要な長さを
輪切りにする
③切り口を下にして
端から切る
いちょう切り
②たて半分に割る
③切り口を下にして
さらにたて半分（4等分）にする

プラスワン

うさぎりんご

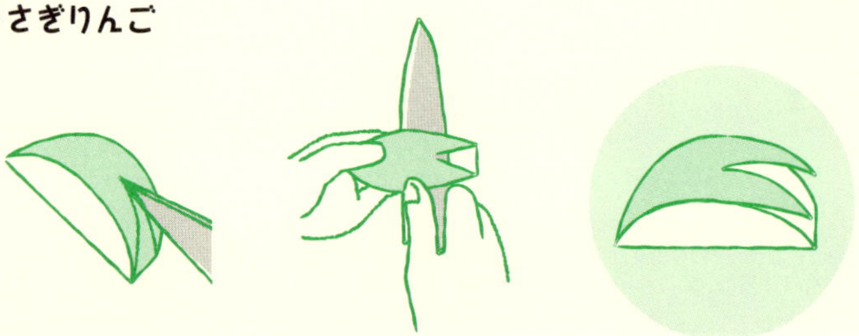

①りんごをくし形に切り、耳の形に皮に切れ目を入れる

②皮をむく。むき終わりは切り離さず、実に付けておく

③耳以外の部分の皮を取り除き、できあがり

調理にチャレンジ
4 おいしくする下ごしらえ

料理は下ごしらえをきちんとすることで、味や食感がぐんと良くなります。ここでは下ごしらえの基礎を取りあげました。最初はちょっと面倒だと思うかもしれませんが、いつもやっていれば習慣になってしまいます。ひと手間かけて、ワンランクアップの料理を作りましょう。

＊あさり＊

①貝を3％の塩水（水500mlに塩大さじ１の割合）に、ひたひたになる程度につけて、砂出しします。新聞紙やアルミホイルなどをかぶせて暗くすると、よく砂を吐き出します。時間は2～3時間（採れたてなら5～6時間)。最近は砂出しして売っていることも多いようです。②砂出しがすんだら、殻同士をこすり合わせるようにして真水で洗います。

＊しじみ＊

①真水で砂出しする方法もありますが、1％の塩水（水500mlに塩小さじ１の割合）に4時間くらいつけておくのがおすすめです。真水につけるより、うまみがぐんとアップします。②殻同士をこすり合わせるようにして真水で洗います。

＊えび＊

①車えびの場合は、頭をひねり、静かに胴から引き離すと背わたもいっしょに取れます。背わたがうまく取れない場合は、頭から2～3節目の殻の間から竹串を刺して背わたを引き抜き

ます。②尾のすぐ上の1節だけを残して殻をむき、足を取ります。えびのチリソースなどでは、殻をむいてから背に浅く切り込みを入れ、背わたを取ります。③天ぷらやフライなどのときは、腹に3本くらい切れ目を入れ、背をそらせてまっすぐにします。さらに、尾の先を少し切り落とし、包丁の先で尾の水をしごき、油がはねないようにします。④ボウルにえびを入れ、片栗粉大さじ1を振りいれ、軽くもみます。⑤水を注ぎ、洗います。⑥ペーパータオルなどで水分を押さえ取ります。

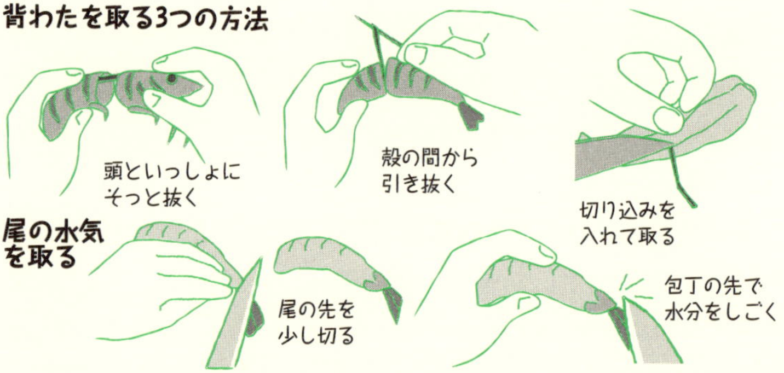

＊牡蠣＊

①塩水のなかで振り洗いします。よごれやぬめりがひどい場合は、大根おろしの中に牡蠣を入れ軽くもみ洗いします。②塩や大根おろしを真水で洗い流します。牡蠣はそっと取り扱いましょう。

＊魚の洗い方＊

切り身は洗わず調理します。さしみも洗いません。一尾まるごとの場合は洗ってからペーパータオルやふきんで押さえて水気を取ります。魚をさばく場合は内臓を取ってからよく洗い、その後は洗いません。

＊牛肉・豚肉＊

肉たたきやびん、包丁のみねなどでたたいて、繊維をやわらかくします。塩は焼く直前にふりましょう。塩をふって置いておくと、うまみが逃げてしまいます。豚肉のロースなどの厚い肉は、脂肪と赤身の間の筋を数か所切って、肉が丸まらないようにします。

＊鶏肉＊

フォークや竹串で皮に穴をたくさんあけます。加熱して皮が縮むのを防ぎ、火のとおりも良くなります。

＊ささみ＊

真ん中に白い筋が1本あるので取ります。筋を取って売っている場合もあります。①筋に沿って、包丁の先で浅く切れ目を入れます。②筋の面を下にし、右ききの場合、筋の端のやや太い方を左手でしっかり押さえ、包丁で筋だけしごき取ります。

ささみの筋を取る

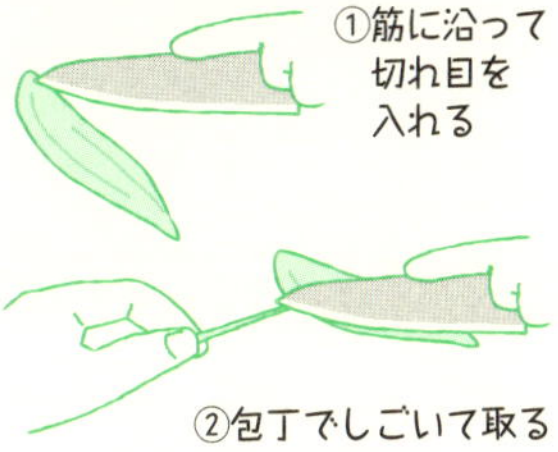
①筋に沿って
切れ目を
入れる
②包丁でしごいて取る

＊レバー＊　(牛レバー・豚レバー)①血のかたまりや薄い膜を取り除きます。慣れないうちは、かたまりより薄切りを買う方が扱いやすいです。②水に30分ほどつけて血抜きをします。途中で水を2、3回かえます。③ペーパータオルでよく水気を

とります。④まだ臭みが気になるようなら、さらに牛乳に10分くらいつけます。

（鶏レバー）①血のかたまりや筋、黄色い脂肪を取り除き、よく洗います。牛や豚よりくせが少ないので、新鮮なものを選べば流水でよく洗うだけでよいでしょう。②臭みが気になるときは、水に15分くらいつけます。③水分をよくふき取ります。

＊野菜の洗い方＊

泥の付いた野菜はなんと言っても亀の子たわしで洗うのが一番です。泥が、細かいでこぼこの部分まで良く落ちます。ごぼうやにんじんは亀の子たわしで洗えば皮をむかなくてもいいと思います。かなりきれいになるし、皮の部分に味があるからです。

＊野菜のゆで方＊

根菜類（にんじん、大根、ごぼう、じゃがいも、さつまいも、さといもなど）は水からゆでます。葉物（ほうれん草、小松菜、春菊など）はお湯から。かぼちゃは水からです。

また、ゆでた後、水にとるのは、ほうれん草、ふきなど。色止めのために、オクラやさやえんどうも水にとります。水にとらないのは、菜の花、チンゲン菜、カリフラワー、ブロッコリー、えだまめ、そらまめ、グリンピースなどです。

＊野菜の変色を防ぐ＊

れんこん、ごぼう、山芋は切ってから酢水につけると、色が変わるのを防ぐことができます。水500mlに酢小さじ1くらいの割合です。

＊えだまめ＊

買ってきたら、とにかくすぐにゆでましょう。一日で甘さが半減します。①水で洗い、塩をまぶしてもみます。しっかりもんでうぶ毛を取ると、口当たりがよくなります。②そのまま熱湯でゆでます。ゆで過ぎに注意しましょう。③ゆで上がったら、ざるに取ります。

＊ゴーヤ＊

①縦に二つに切って、種とわたをスプーン取ります。わたが苦いので残さずかき出します。②うすく切って、塩でもむか、ゆでると苦味が弱まります。

＊ししとう＊

揚げたり、焼いたりするときは、破裂しないように、包丁で切れ目を入れるか、楊枝や竹串で穴をあけておきます。

＊そらまめ＊

①ゆでる直前にさやから出し、豆の黒い部分かその反対側に包丁で浅く切れ目を入れておきましょう。食べるときに、豆が皮から出しやすくなります。②熱湯に塩を入れ、ゆでます。すぐやわらかくなるので、ゆで過ぎに注意しましょう。③ゆで上がったら、ざるに取ります。

＊たけのこ＊

皮付きのたけのこは、アクが強くならないようすぐゆでます。①水で洗って泥を落とします。②先端を斜めに切り落とします。縦に１本、皮の部分に切れ目を入れ、後でむきやすくしておきます。③たけのこがかぶるくらいの水と、ぬかひとつかみ、とうがらし2～3本を入れて、たけのこを皮のままゆでます。ぬかがない場合は米のとぎ汁でもＯＫです。弱く沸騰させ、ふきこぼれないように注意しましょう。④竹串で刺して、楽に通るようだったらゆで上がりです。50分～1時間くらいです。⑤火を止め、そのままさまします。⑥ぬかを洗い流し、うぶ毛がなくなるまで皮をむきます。⑦水にさらします。

たけのこをゆでる前に

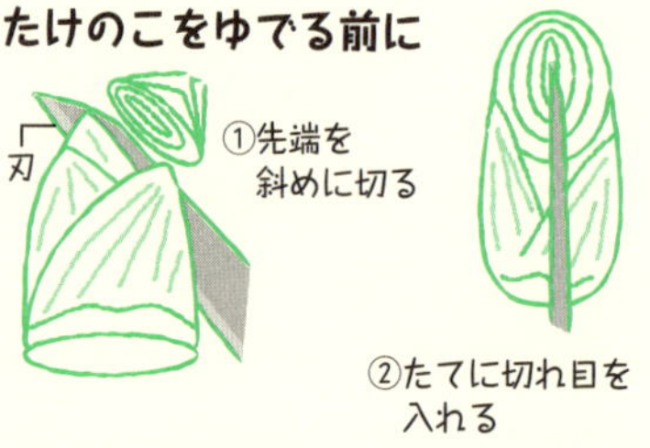
刃
①先端を斜めに切る
②たてに切れ目を入れる

＊油あげ・がんもどき・厚あげ＊

油臭さを抜き、煮物の味がしみ込みやすくするため油抜きをします。①油抜きしたいものをざるに入れ、下にはボウルを置きます。②上から熱湯を注ぎます。③ざるを引き上げ、湯を切ります。熱湯でさっとゆでる方法もあります。

＊こんにゃく・しらたき＊

こんにゃくやしらたきは、独特の臭いを取るため、アク抜きをします。こんにゃくの場合は、沸騰した湯でさっとゆで、ざるに上げます。塩でもんでからゆでると、なお良いです。他に、塩を全体にまぶし、めん棒でたたく方法もあります。

しらたきは、さっとゆでて、アク抜きします。

＊豆腐の水切り＊

豆腐をキッチンペーパーで包んで、まな板や皿などの重しを載せます。台は傾け、水が落ちるようにしておきます。一番確実な方法ですが、20～30分はかかります。急ぐ場合は、キッチンペーペーに包んで、電子レンジで１分ほど加熱します。どちらも切ってから行った方が早く水が切れます。

＊干ししいたけ＊

①さっと洗います。②水につけ、浮き上がらないように落とし蓋をします。冷蔵庫に入れて24時間かけてもどすと、うまみが充分引き出されます。時間がないときは、厚みのうすい干ししいたけを、ぬるま湯につけ、砂糖少々を入れるとはやくもどりますが、風味は少し損なわれます。

＊切干大根＊

①ボウルに切干大根と水を入れ、もみ洗いします。アクが出るので水を替えてしっかり洗います。②たっぷりの水に浸け、もどします。

＊かんぴょう＊

①さっと洗いざるに上げます。②塩を小さじ１くらいふってもみ、やわらかくします。③塩気を洗い落とし、たっぷりの湯で15分ほどゆでます。

＊ひじき＊

①水で洗いごみなどを取り除きます。②水に20～30分ほど浸してもどします。ひじきは5～6倍に増えるので、たっぷりの水につけましょう。③長ひじきの場合は食べやすい大きさに切りましょう。

知ってておきたい調理のきほん
5 食品を使い切る保存術

せっかく新鮮な食材を買ってきたのに、全部使い切らずにダメにしてしまった経験はありませんか？

ここでは、生鮮食品を、いかに新鮮なままで長持ちさせるかをお教えします。どれもこれも冷蔵庫に入れてしまえばいい訳ではありませんよ。

冷暗所で保存

冷蔵庫には入れず、暗く涼しいところに置いておいた方がいいものがあります。土の中で育つ野菜が多く、いも類（じゃがいも、さつまいも、さといもなど）、根菜類（泥付きのごぼう）、玉ねぎ、にんにく、泥付きの長ねぎなどです。泥付きのにんじんは常温保存できますが、だんだんしなびてくるので、洗って冷蔵庫に入れた方が持つと思います。丸ごとのかぼちゃや丸ごとの白菜は地上で育ちますが、冷暗所で保存します。これらは新聞紙に包むか、紙袋に入れます。玉ねぎやにんにくはかごやネットに入れて、できれば風通しのよいところに吊るしておきます。白菜は切り口の方を、泥付き長ねぎやごぼうは根の方を下にして立てておきましょう。

根しょうがは、最後まで使い切るのがむずかしい野菜のひとつですが、ぬらした新聞紙かキッチンペーペーに包んで15℃で保存するのが理想です。秋・冬・春先は常温で、暖かくなったら、さらにポリ袋に入れ、野菜室で保存しましょう。

くだものは、みかん、りんご、バナナなどは室温保存です。りんごは長く保存したいときのみ、ひとつずつラップに包んで冷蔵庫の野菜室へ。

メロン、キウイ、マンゴー、桃、西洋梨、アボカドは熟すまでは室温で保存します。冷やし過ぎると風味が落ちるので、食べる2〜3時間くらい前に冷蔵庫に入れましょう。キウイは、りんごといっしょにビニール袋に入れると、りんごから出るエチレンガスで追熟が早まります。

生鮮食品以外で冷暗所で保存するのは、未開封のしょうゆや味噌。封を開けてしまった油、塩や砂糖も常温で大丈夫です。

冷蔵庫の野菜室（約5〜7℃）で保存

葉物（ほうれん草・小松菜・春菊・チンゲン菜など）は、ぬらした新聞紙やキッチンペーパーに包んでからポリ袋に入れ、根元を下にし、立てて野菜室で保存します。

反対に、にんじんはぬれていると腐ってくるので、水気をふいて乾いた新聞紙に包み、ポリ袋に入れます。葉の切り口を上にして立てておきましょう。

キャベツは芯のまわりをくりぬいて、ぬらしたキッチンペーパーを詰めます。ラップで包むかポリ袋に入れ、切り口を下にして保存します。

レタスは、芯の切り口にぬらしたキッチンペーパーをあて、普段捨ててしまう外葉に包んでからポリ袋に入れます。

大根やかぶは、葉を付けたままでいると根の栄養を吸い取ってしまうので、切り離します。葉は、ぬれた新聞紙に包みポリ袋に入れます。傷みやすいので、ゆでてすぐ冷凍するのも良いでしょう。カットした大根は、ラップに包んで、できれば立てて保存します。

カットしたかぼちゃは、たねとわたを取り除き、ラップでぴっちり包みます。

しそは、軽くぬらしたキッチンペーパーに一枚ずつ包んで、さらにラップで包みます。

パセリは水を入れたビンに刺し、上にふんわりとポリ袋をかけておきます。

セロリは葉とくきをわけ、立てて保存。アスパラガス、きゅうり、にがうり、にらも立てて保存します。

野菜を生えていたように立てておくのは、横に寝かせると、上向きに起きようとして、余計に栄養分を使ってしまい、劣化を早めることになるためです。

くだもののうち、いちごやぶどう、梨、さくらんぼなどは野菜室で保存しますが傷みやすいので早めに食べましょう。

それにしても、野菜やくだものによって保存方法がいろいろですね。いちいち面倒だと思ったら、野菜用の保存袋がおすすめです。野菜の成長を止める働きがあるので、その袋に入れておけば、ある程度保存がききます。洗って繰り返し使えます。

ここがコツ!

土の中で育った野菜は冷暗所で保存。
生えていたときと同じ向きで保存する。

冷蔵室（約2～4℃）で保存

幅広い食品を保存しますが、気をつけたいことを、いくつか挙げておきます。

鶏卵はとがった方を下にして保存します。丸い方は気室があるので、上にして呼吸がしやすいようにするためです。

豆腐はパックのまま保存しますが、使い残したら密閉容器に入れ、かぶるくらい水を注ぎます。毎日水を変えて2日くらい保存できます。

しょうゆや味噌は口を開けたら冷蔵庫に入れましょう。しょうゆは室温保存だと風味が落ちます。

チルドルーム（約0℃）で保存

発酵食品（バター、チーズ・ヨーグルト・納豆など）や練り製品のおいしさや鮮度を保つのに適しています。

パーシャルルーム（約－3℃）で保存

微凍結して保存するので、冷蔵やチルドより長く持ちます。しかも完全に冷凍されないので、肉や魚は、質が変化しにくく、味や食感を保つことができます。ブロック肉の保存にも適しています。

プラスワン

残った野菜はピクルスで保存しよう

1 ピクルス液（米酢1カップ、水1カップ、さとう大さじ2、塩大さじ1、とうがらし1本、こぶ3cm角、しょうが1かけ）をほうろうやステンレスなど酸に強い鍋に入れ、ひと煮立ちさせ、冷まします。

2 野菜を一口大に切ります。堅い野菜は、お好みでゆでてもいいでしょう。野菜の水気は、キッチンペーパーで取っておきます。

3 煮沸消毒して乾かした、蓋付きの瓶に野菜を入れ、ピクルス液をひたひたになるまで注ぎます。

※ピクルス液は、酸度が2％以上になるようにしましょう。

知っておきたい調理のきほん

6 かしこい冷凍保存法

食材をすぐに使い切らないとき、特売でたくさん買ったとき、忙しい日のために下処理までしておきたい、または惣菜を作り置きしたいときなど、冷凍はとても便利な方法です。食材のムダをなくし、時間の節約にもなります。市販の冷凍食品も便利ですが、惣菜は、時間のあるときに自分で作ってホームフリージングした方が安全でおいしく、経済的です。ただ、家庭用冷蔵庫の冷凍室の温度は−18〜−20℃くらい。業務用に比べて能力に限界があります。おいしく、衛生的に冷凍食品を使いこなすための、ポイントを紹介しましょう。

上手な冷凍のポイント7か条

1 新鮮な食材を冷凍する　消費期限切れの間近になって、あわてて冷凍していませんか？生ものはもちろん、調理した食品も、日にちがたつとそれだけ細菌の数が増え、味も落ちてきます。新鮮なうちに冷凍するようにしましょう。

2 下処理をする　魚は内臓を取り除いてから。えびは背わたを取っておくと使うとき楽です。

生の肉や魚は、加熱してから冷凍した方が保存がききます。

野菜のなかで、生のまま冷凍すると、味や食感、色が悪くなるものは加熱する必要があります。（42〜43ページ参照）

3 きちんとパックする　スーパーの発砲スチロールのトレイのまま冷凍するのはNG。食品は空気に触れると酸化し、劣化を早めます。また、発泡スチロールは熱伝道が悪いので、冷却に時間がかかります。めんどうでも、ラップでぴっちり包み直しましょう。ラップだけだと破れやすく、乾燥もしやすいので、さらにジッパーの付いた冷凍用の保存袋に入れます。そのときも、できるだけ空気を抜くこと。

4 余計な水分を減らす　生の魚や肉の水気はよくふきます。ドリップ（液汁）対策には、脱水シートが便利です。脱水シートは、浸透圧を利用して、魚や肉のうまみは残したまま、生臭さや水っぽさを取り除く優れものです。食材を脱水シートにくるんでからポリ袋か冷凍用保存袋に入れ、解凍も脱水シートに包んだまま行います。

野菜は焼いたり、塩もみしたり、ふいたりして水分を減らし、解凍時にべチャっとしないようにします。

5 さましてから冷凍庫に入れる　冷凍室の温度を上げないために、調理したものは必ずさましてから冷凍しましょう。

6 再冷凍しない　一度解凍した食品をまた冷凍すると味が落ち、傷みやすくなるので、やめましょう。魚介類は、一度冷凍したものを解凍して売っていることがあるので、食品表示を確かめましょう。

7 1ヶ月以内に使う　冷凍してから1ヶ月以内が保存のめやすです。長く保存すると、パサパサになったり、香りがなくなったり、いやな臭いがつくことがあります。冷凍した日にちをラベルやマスキングテープに書いて、保存袋に貼っておきましょう。

急速冷凍するために

冷凍してもおいしさを損なわないためには、急速冷凍する必要があります。家庭用の冷蔵庫では、なるべく早く凍らせる工夫がいります。

1 食材を小分けにし、平たくする　食品が厚いと冷凍しにくいので、なるべく薄くします。また、１回分ずつ小分けにすると、凍りやすく、使うときも便利です。

2 アルミやステンレスのトレイに置く　冷気を伝えやすいので食品が早く凍ります。なるべく広げて置きます。

3 食品を詰め込み過ぎない　冷気がまんべんなく当たるように、食品の間には適度なすき間が必要です。

4 冷蔵庫の急速冷凍の機能を使う　冷蔵庫には急速冷凍の機能が付いているものがあります。ない場合には、冷凍庫の運転を「強」にして一気に冷凍しましょう。ただし、ずっと強にしておくと消費電力がかかるので、凍ったら「普通」に戻した方がいいでしょう。取扱い説明書で冷蔵庫の機能を確認しましょう。

ここがコツ！

冷凍は、１回分ずつ分け、なるべく平たく、
空気を抜いてパッキング！
新鮮な食材を一気に凍らせよう！

解凍の方法

食品の品質を損なわないために、その食品に適した解凍をしましょう。おもな解凍の方法は以下の通りです。

1 室温解凍　室温でゆっくり解凍します。和菓子やケーキ、サンドイッチなど、解凍されたらそのまま食べるものが適しています。ただし、解凍の過程で細菌が活動し出すので、食中毒の時期にはとくに注意が必要です。

2 冷蔵庫解凍　冷蔵庫内で解凍していきます。解凍されても冷蔵庫内に保管されるので、生の魚や肉に向いています。ゆっくりとけていくので、組織が破壊されず、食感や味が損なわれないのも利点です。時間がかかるので、計画的に行いましょう。

3 流水解凍　ボウルに冷凍品を入れ、流水をかけます。食材は水が入らないようにビニール袋に入れ、輪ゴムなどできっちり口をしめましょう。生の魚介類などに適しています。カチンカチンの状態からはじめるとかなり水を使ってしまうので、あらかじめ、他の手段で少し解凍しておき、もうちょっと解かしたいときに行うのがいいでしょう。

4 電子レンジ解凍　電子レンジの解凍機能を使うか、弱で加熱します。短時間で解凍できるのでとても便利です。ごはんや惣菜など、調理してあるものは、解凍してさらに温めることができます。加熱ムラができるので、カレーやスープなどは途中でかき混ぜましょう。

　生ものは均一に解凍されず、一部が煮えてしまったり、ドリップが出たりします。電子レンジは半解凍の状態で止め、あとは冷蔵庫や室温で解凍するのがいいでしょう。

5 直接調理　凍ったまま、揚げる、蒸す、焼く、ゆでる、煮るなどして、解凍と調理をいっぺんにやってしまいます。野菜の解凍に適しています。

ここがコツ！
電子レンジ解凍は、過熱しすぎないように！
半解凍で止めて、あとは自然解凍で。

材料別冷凍法

以上の冷凍、解凍のポイントを頭に入れ、それぞれの材料で具体的な方法をみていきましょう。

＊生肉の場合＊

薄切りの牛肉や豚肉は、ラップをはさんで一枚ずつ広げていき、ぴっちり包んでアルミなどの金属トレイに載せ、凍ったらさらに冷凍用保存袋に入れて冷凍室に保存します。

ブロック肉は、そのままだと冷凍に時間がかかり、切るのも大変です。用途に合わせて切ってから冷凍しましょう。

厚切り肉の場合は、すじ切りなど下ごしらえをしておいた方がすぐ使えて便利です。

鶏のももやむね肉は、包丁を入れて厚みを均等にしておきます。水気をふき、酒をふると、解凍後のくさみがやわらぎます。

ひき肉は、そのままでもかまいませんが、パラパラに炒めて塩こしょうして冷凍、または団子状にして揚げてから冷凍しても便利です。鶏肉やひき肉は傷みやすいので、消費期限ぎりぎりの冷凍は避け、冷凍後も早く使い切りましょう。

ひき肉は菜ばしですじをつけ、割りやすくする

＊魚の場合＊

一尾の場合は、必ず内臓を取り除いてから冷凍すること。切り身は、発砲スチロールのトレイに入っているものは出し、水分をふき取ってラップでぴっちり包み直します。金属のトレイに載せて凍らせ、冷凍用保存袋に入れます。脱水シートで包むと水分を吸い取って鮮度を保ちます。

ひものは、1枚ずつラップで包みます。凍ったまま焼くことができて便利な素材です。

＊野菜の場合＊

青じそ	洗って水気をふく。1枚ずつラップにはさんで急速冷凍して保存袋へ。 千切りにする。ラップに包み、急速冷凍して保存袋へ。
青菜	さっとゆで水気をしぼる。ラップに包み、トレイで急速冷凍して保存袋へ。
かぼちゃ	ゆでてつぶす。保存袋に入れ急速冷凍。 小さく切って、電子レンジで加熱し、ラップに包んでトレイで急速冷凍して保存袋へ。
カリフラワー	切ってからゆでる。急速冷凍して保存袋へ重ならないように入れる。
きゅうり	小口切りにして塩もみする。水気をしぼり、ラップで包む。急速冷凍して保存袋へ。
じゃがいも	ゆでてつぶす。保存袋に入れ急速冷凍。
しょうが	すりおろすかみじん切りにする。ラップに包み急速冷凍して保存袋へ。
大根	すりおろして、保存袋に入れて急速冷凍。 うすく切ってゆでる。ラップに包んで、トレイで急速冷凍して保存袋へ。
玉ねぎ	みじん切りやうす切りにしていためる。ラップに包んで、急速冷凍して保存袋へ。
トマト	へたをくりぬき、生のまま丸ごと1つずつラップに包む。急速冷凍して保存袋へ。 湯むきしてザク切り、またはトマトソースにして保存袋で急速冷凍。
生しいたけ	石づきを落とし、ひだを上にして保存袋に入れ、急速冷凍。
なす	切って揚げるか焼きなすにする。ラップに包んで、トレイで急速冷凍して保存袋へ。
長ねぎ	小口きり、みじん切り、白髪ねぎにして、ラップに包む。急速冷凍して保存袋へ。
にら	小さく切って、トレイに広げてラップをかぶせ、急速冷凍して保存袋へ。
にんにく	すりおろすかみじん切りにする。ラップに包み急速冷凍して保存袋へ。
パセリ	そのまま保存袋で冷凍。使うときは、凍ったまま手でもむと、みじん切りになる。
やまいも	すりおろして、冷凍用保存袋に入れて急速冷凍。
ゆず	丸のまま1つずつラップに包み、急速冷凍して保存袋へ。凍ったまま皮を削いだり、おろして使う。

＊豆腐＊

冷凍すると食感が変わりますが、高野豆腐のように煮物で使うことができます。市販のパックをそのまま冷凍します。

＊パン・ごはんの場合＊

パンやごはんは、冷蔵室に入れるとパサパサになりおいしくなくなりますが、できたてをさまして、なるべく早く冷凍すると風味が損なわれません。ごはんは温かいうちに１杯分ずつラップに包むか密閉容器に入れ、冷めたら冷凍します。電子レンジで解凍・温めをしましょう。食パンは、凍ったままオーブントースターで焼きます。

＊麺類の場合＊

ゆでうどん・そば、生の中華麺は、市販の袋ごと冷凍用保存袋に入れ、冷凍します。家でゆでた麺は、一食ずつラップに包んで、保存袋に入れます。解凍は凍ったまま煮汁に直接入れるか、ざるに入れて熱湯を回しかけます。

＊惣菜＊

冷凍用保存袋に入れ、平らにして冷凍します。カレーのじゃがいもは食感が悪くなるので除いて冷凍しましょう。

＊冷凍に向かない食材＊

生の野菜（ほうれん草などの青菜、レタス、キャベツ、白菜、ブロッコリー、アスパラガス、なす、じゃがいも、かぼちゃなど）、生卵（卵白だけなら可）、ゆで卵、牛乳、マヨネーズなどは、組織が崩れたり、分離したりします。

知っておきたい調理のきほん

7 覚えておきたい料理のきまり

料理には、暗黙ともいえるきまりがあります。昔からの習慣だったり、言い方だったり。基本以前のことで、料理の本にもなかなか書いてありません。

ちょっとした事ですが、知らないと困ることばかりですので、覚えておいてください。

「はかる」のきまり

料理には、料理専用の計量スプーンや計量カップがあります。計量スプーンは、大さじで15ml、小さじで5ml入ります。他に大さじ1/2にあたる7.5ml、小さじ1/2の2.5mlをはかるスプーンもあります。

大さじ・小さじ1/2の液体をはかる場合は、スプーンの7分目くらいまで入れます。スプーンは底がつぼまっているので、深さの半分くらいだと、1/2より少なくなってしまいます。

粉をはかるときは、必ず多めに取って、箸を横に使ったり、他のスプーンの柄などで平らにすりきります。1/2をはかる場合は、一度すりきり１杯をつくり、半分を取り去ります。

計量カップは、１カップが200mlですが、お米用のカップは１合に当たる180mlですのでお間違えなく。200mlの目盛りが、ちょっと下についていて、１カップが200ml以上入るカップもあるので、注意しましょう。

料理では、計量グッズに頼らないで、だいたいを手ではかる方法もよく使われます。

少々…親指と人差し指の先でつまんだくらい。

ひとつまみ…親指、人差し指、中指の三本指でつまむ。少々より多い。

ひとつかみ…手全体でにぎれるくらい

一かけ…親指大くらい。にんにくでは、房をばらした1片。

「盛り付け」のきまり

和食は、ごはん茶碗が左側、汁椀が右側と決まっています。箸は、左側に先端がくるように置きます。これは右ききの人が取りやすいようにするためです。ごはんは、山盛りにしないで、七分目くらいにこんもりと盛ります。主菜は右奥、副菜は左奥、和え物や漬物の小皿が加わる場合は真ん中に置きます。

お頭付きの魚は、頭が左で腹を手前にします。頭が尾より手前になるように斜めに置くと、カッコ良くおいしそうに見えます。

切り身魚は、皮が奥か上になるように盛り付けます。

一皿にメインと付け合せがある場合、和食と洋食は配置が違います。和食は、大きいものを奥に、小さいものを手前にするので、メインの魚などが奥、付け合せは手前の右に添えます。

洋食は逆に大きいものが手前、小さいものを奥にするので、メインが手前で付け合せが奥になります。ただ、メインが真ん中でそのまわりに付け合せということも多くあります。

和

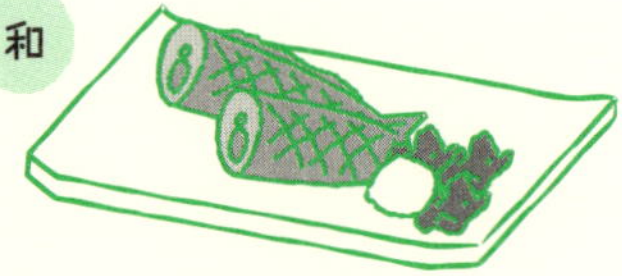

洋

料理のさしすせそ

　これは調味料を入れる順番です。

「さ」はさとう。砂糖はしみこみにくいことと、材料をやわらかくする働きがあるため一番最初に入れます。

「し」は塩。塩は材料をひきしめる効果があるため、塩の後に砂糖を加えるのでは味がしみこみにくくなります。砂糖を入れて間をおき、素材にある程度火が通ってから入れます。

「す」は酢。酢は加えて煮ていくうちに香りがとんでしまうので、早いうちには入れません。

「せ」は、旧かなづかいで「せいゆ」と書いたしょうゆ。しょうゆは使う分量を最初から全部入れてしまうと、味が濃すぎたり、材料が固くなってしまうことがあります。2〜3回に分けて入れましょう。風味を生かすには最後にも加えましょう。

「そ」はみそ。みそ汁などの場合、最後に入れて沸騰させないようにして香りを保ちます

料理用語の基礎知識

　レシピなどによく使われる、料理独特の言い回しです。正し

い意味を知っておきましょう。

ひたひた　材料の頭が見えかくれするくらいまで。煮くずれしやすい煮物の場合の汁の量です。

かぶるくらい　材料の頭がぎりぎりひたるくらい。

たっぷり　材料が完全に浸かる状態。青菜や麺類をゆでるときの水の量です。

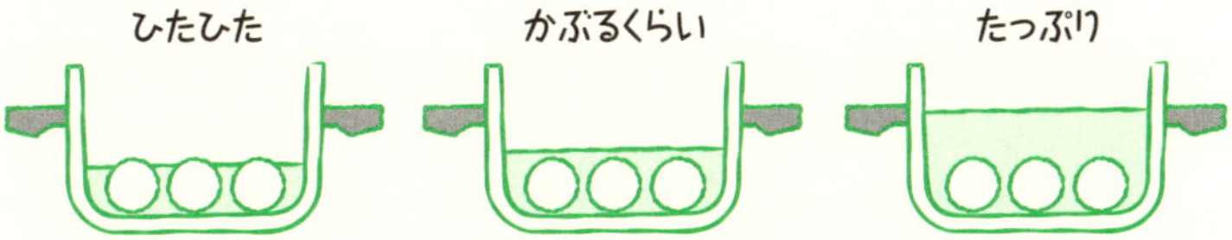

とろ火　最も弱い火加減。長時間の煮物などに。

煮返す　一度煮て冷めたものを、また温め直すこと。

煮きる　酒やみりんを沸騰させて、アルコール分をとばすこと。

煮詰める　煮汁を弱火で煮て、汁の分量を少なくしていくこと。

煮含める　たっぷりの煮汁で材料をゆっくりと煮て、味をしみ込ませること。

ひと煮たち　汁物や煮汁が沸騰してきたら、一呼吸おいてすぐ火を止めること。ずっと沸騰させると香りがとんでしまう、みそ汁などは、ひと煮たちで火を止めます。

湯通し　ざるに材料を入れ、熱湯をかけたり、熱湯の入ったなべに材料を入れ、すぐざるに取るなどして、材料に熱湯をくぐらせること。殺菌したり、うまみを閉じ込める効果があります。

ゆでこぼす　材料をゆでた後、いったん汁を捨てること。アクやぬめりをゆで汁といっしょに取り除きます。

ゆがく　材料をさっとゆでること。

湯引き　魚を白くなるまでさっと熱湯にくぐらせて、すぐ冷水にとる調理法。生臭みや脂肪を取り除き、身が引き締まります。

湯むき　材料を熱湯に入れ、すぐ冷水にとって皮をむく方法。トマトなどで行われます。

湯せん　湯の入った鍋の中に、材料の入ったボウルや鍋を入れて間接的に温める調理法。直接火にかけると焦げやすいバターなどを溶かすのに用いられます。このとき、湯が素材の容器に入らないように注意します。

からいり　油をひかずに材料を入れ、いためること。こんにゃくでは余分な水分をとばし、ごまなどでは香りが増します。

素揚げ　ころもを付けずに揚げること。かぼちゃやピーマン、なす、ポテトなどで行われます。

落とし蓋　煮物の味がしみこむように、なべより小さい蓋を材料の上にかぶせること。木の蓋は汁がしみこまないように、ぬらしてから使いましょう。アルミ箔やクッキングシートでも代用できます。

知っておきたい調理のきほん

8 おいしいお茶・コーヒーのいれ方

毎日のように飲むお茶やコーヒーですが、おいしくいれられたりいれられなかったり…実はちょっとしたコツでもっとおいしくなるのです。おいしいお茶やコーヒーをいれられる人は、それだけでも素敵ですね。この機会にしっかり基本を身につけましょう。

日本茶

＊茶葉の種類＊

一口に日本茶といってもいろいろ種類があります。茶葉によっていれ方が違うので、まず、茶葉の種類と特徴を知っておきましょう。

＊煎茶＊

ふつう緑茶というと、煎茶を指します。ほどよいうまみと苦みがあります。価格が安いものから高いものまでさまざまです。

＊深蒸し煎茶＊

製茶工程の蒸す時間が長いもの。普通蒸しに比べてコクがあり、香りはやや弱めです。水色(すいしょく)は緑色が鮮やか。茶葉が粉っぽいのも特徴です。

＊番茶＊

一番摘みや二番摘みの後の葉や、煎茶を作るときに取り除かれたかたい葉や茎などが原料。地域によってはほうじ茶を指すこともあります。価格が安く、さっぱりとした味です。

＊ほうじ茶＊

煎茶や番茶、茎を強火で炒ったもの。香ばしい香りが特徴で、カフェインが少なく、さっぱりとしています。油っこい食事の後などは最適です。

＊玉露＊

茶摘前の数週間覆いをし、直射日光をさえぎって栽培されます。うまみが強く、まったりとした甘みがあります。玉露は値段が高いので、普段使いというより、お客様に出したり、ゆっくり味わうのに使うと良いでしょう。

＊いれ方＊

1 まずは水。水道水でかまいませんが、3分くらい沸騰させたままにして、カルキ臭をとばしましょう。ミネラルウォーターなら、ミネラル分の少ない軟水を使います。

2 沸騰した湯を、人数分の湯飲み茶碗に八分目まで注ぎます。湯のみの湯は、適温になるまでさまします（表参照）。

3 急須に茶葉を入れます。煎茶2人分大さじ1くらいで。ほうじ茶は2人分大さじ2杯と多めです。茶葉によって違いがあるので、自分の好みの量を見つけて下さい。

4 次に茶碗でさましておいた湯を、急須に入れます。抽出時間も茶葉によって違うので、気をつけましょう（だいたいのめやすは、表参照）。高い煎茶に熱い湯を使うと渋く出てしまいます。ほうじ茶や番

種類	温度	抽出時間
玉露	50〜60度	2分
煎茶（上）	70度	2分
煎茶（並）	90度	1分
深蒸し煎茶	80度	30秒
番茶	熱湯	30秒
ほうじ茶	熱湯	30秒

茶は、葉を入れた急須に熱湯を直接入れます。
5 それぞれの湯のみに、まず、半分くらい注ぎます。さらに残りを入れて均等な濃さになるようにします。最後の 1 滴まで入れて、二煎目、三煎目が渋くならないようにします。
6 二煎目からは湯を熱くし、抽出時間を短くします。

紅茶

紅茶をおいしく入れるには、ジャンピングといわれる対流を充分起こすことが大切です。茶葉がゆったり上下運動をするジャンピングには、丸みをおびたティーポットが最適です。

＊いれ方＊

1 湯をティーポットとカップに注ぎ、温めます。
2 ティーポットの湯を捨て、茶葉を入れます。茶葉はティースプーン 1 杯(2.5〜3g)×人数、それにポットのための1杯を追加します。それぞれ好みに合わせて加減して下さい。
3 沸騰した湯を、ポットに勢いよく入れます。くみたての水を、コイン大の泡がポコポコと出るまでしっかり沸騰させるのがポイントです。そして、ジャンピングがよく起きるように、高い位置から湯を注ぎ入れます。
4 蓋をして、ポットがさめないように、ポットの下にマットを敷き、カバーをかけます。タオルやふきんなどで包んでもいいでしょう。抽出時間は、茶葉によって違いますが、だいたい3分くらいです。大きい葉ほど抽出時間が長くなり、3〜5分くらいです。

5 カップの湯を捨てます。ポットを数回ゆっくりと回し、茶漉しを通して、ティーカップに注ぎます。最後の一滴は「ベストドロップ」と言って、味がきりりとひきしまると言われています。お客様がいらしたら、ぜひお客様のカップにいれましょう。

コーヒー（ペーパードリップ式）

＊いれ方＊

1 ドリッパーとポット、カップに湯を注ぎ、温めてから湯を捨てます。

2 ペーパーフィルターの底の方をまず折り、次に脇の方を反対側に折り、口を開いてドリッパーにセットします。

3 ドリッパーにコーヒーの粉を入れます。コーヒーの粉は中挽き～細挽きがいいでしょう。1人分は、湯180mlに対して粉10ｇ～12ｇくらいですが、好みで調節して下さい。

4 沸騰した湯を、細くゆっくり注ぎ、全体が湿ったら、20～30秒ほど蒸らします。

5 真ん中から「の」の字を書くように湯を注いでいきます。このとき、泡がたつようにします。泡が消える直前にさらに湯を注いでいき、1人分に5～6回で注ぎます。ドリッパーからコーヒーが最後まで落ちきる前に、ドリッパーははずします。

6 温めておいたカップに注ぎます。

※ コーヒーはさめたり、温め直したりすると風味が落ちます。いれたてをすぐいただきましょう。

プラスワン

アイスコーヒーのいれ方

1 コーヒーの粉をホットの2倍にし、ホットと同じ方法で入れます。

2 グラスに氷を入れておき、いれたてのコーヒーを温かいまま、注ぎます。

買い物のコツ

9 新鮮な食材の見分け方

食材が古いと栄養価が落ち、なによりおいしくありません。よく見ずに買ってきて、いざ調理しようとしたら腐っていた！　なんてガッカリですよね。

食材選びのポイントを覚えて、より新鮮なものを手に入れましょう。

野菜

＊キャベツ＊　まず確かめたいのが芯の部分の切り口。白くて新しい感じのものを選びましょう。古くなると薄茶色になってきます。外葉は緑色がつややかでみずみずしいもの。外葉が白っぽい場合は、葉が傷んでむいたものなので避けましょう。春キャベツは葉がふんわりと巻いているもの、冬キャベツはしっかり巻いていて重さのあるものが良いでしょう。

＊レタス＊　切り口は10円玉くらいで白いもの。古くなると赤っぽくなります。葉はみずみずしく光沢のあるものが新鮮です。

＊白菜＊　カットして売られている場合が多いですが、切り口の真ん中が盛り上がっているのは時間がたっています。切り口が白く、葉が詰まって巻いているものを選びましょう。まるまる１個の場合は、ずっしりと重いものを。葉の先端が外側に反っておらず、先まで固く巻いているものが良いです。カットでもまるごとでも、古いと葉に黒い斑点が出てきます。

＊ほうれんそう＊　根元の赤味があざやかなもの。葉は緑色が

濃く厚みがあって、葉先までしゃんとしているものを選びましょう。茎が太いものは育ち過ぎです。葉が黄色くなっているものは古いので避けましょう。

＊大根＊　カットしてある場合は、「す」が入っていないか確かめます。すが入ると水分が失われ、繊維が浮き出てきて味が落ちます。全体に張りがあってひげ根の少ないものを選びましょう。

＊にんじん＊　頭の茎の切り口が小さい方が、芯が細くてやわらかいです。首の周りが緑がかっているものは味が落ちます。腐ってくるのはお尻からなので、しなびたりヌルヌルしていないかよく見ましょう。

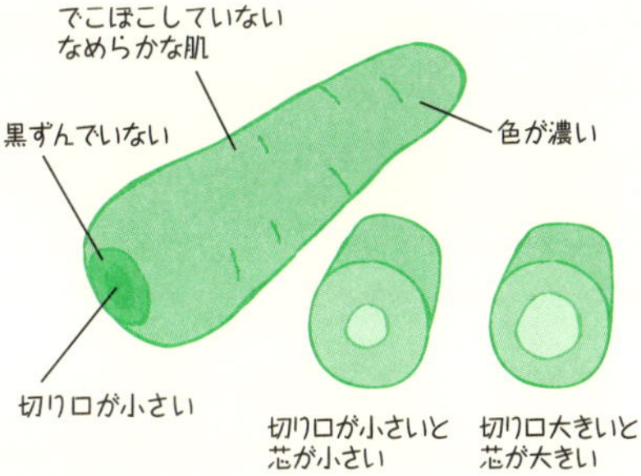

＊じゃがいも＊　皮に傷がないもの。古くなると芽が出たり、皮にしわがよったり緑色がかってきたりします。

＊さといも＊　泥付きでやや湿り気があるものが良いでしょう。乾いているものは古い場合があります。皮にしま模様があり、くぼみやこぶ、傷のないものを。上下の先端部分がやわらかいのは腐ってきています。硬くしまっているか確かめましょう。

＊たまねぎ＊　春に出回る新たまねぎは、白い薄皮ですが、それ以後は飴色になります。この鬼皮がしっかりかわいているものを選んで下さい。丸い形が上下に伸びてくると発芽寸前。芽

が出ると味が落ちます。頭の部分にとがってぼうのようなものがないか、根が伸びていないか確認しましょう。また、肩のあたりがやわらかいと傷んでいます。

＊きゅうり＊　いぼがちくちくしているのが新しい証拠。時間がたつといぼは落ちてしまいます。お尻の方がふくれているのは、日がたって結実しようとしているから。太さが均一で緑色が濃いものを選びましょう。曲がっていても味には関係ありません。

＊なす＊　なすを摘み取る時は、へたのとげが痛くて思わず手を離したくなるものですが、都会のスーパーなどで、そんな採れたて新鮮ななすにお目にかかる事は少ないようです。せめて、皮の色が濃く、はりのあるものを選んで下さい。古くなると水分が失われ、皮にしわがよってきます。

＊ピーマン＊　へたの部分が黒ずんでいるものは、中の種も黒くなっていて古いです。全体に緑が濃く、つやつやして張りがあるものが新鮮です。

＊西洋かぼちゃ＊　へたが枯れて乾き、皮が固くずっしりと重いものを。皮は緑色が濃いのが良いですが、部分的に黄色くても問題ありません。カットされている場合は、果肉が厚く、黄色の濃い、種がぎっしりと詰まっているものを選びましょう。

＊グリーンアスパラガス＊　ポイントは穂先。つぼんでいるものを選びましょう。鮮度が落ちると穂先が開いてきます。茎は張りがあってたてじわのないものを。一般的に太い方が甘みがあります。

＊ブロッコリー＊　緑色の部分はつぼみが集まったものです。つぼみは小さく、緑が濃くて密集しているものを。古くなると黄色くなってきます。一部紫色なのは低温育ちのためで、問題ありません。形は、全体がこんもりと丸いのが良いでしょう。また、茎の切り口に空洞がないものを選びましょう。

＊えだまめ＊　スーパーなどでは枝付きと、さやだけネットに入っているものとがありますが、枝付きをおすすめします。枝付きの方が鮮度が保てるので、甘みがありおいしいからです。さやはうぶ毛があり、緑色があざやかなものを。茶色の斑点が出ているものは避けましょう。ひとつのさやに同じ大きさの豆が入っているのが良いので、均等にふくらんでいるか見てください。

＊そらまめ＊　さや付きとむき豆が売られていますが、さや付きの方が鮮度が良いです。さやは濃い緑色。しみがあっても味には関係ありません。むき豆は芽が黒いとやや硬いです。

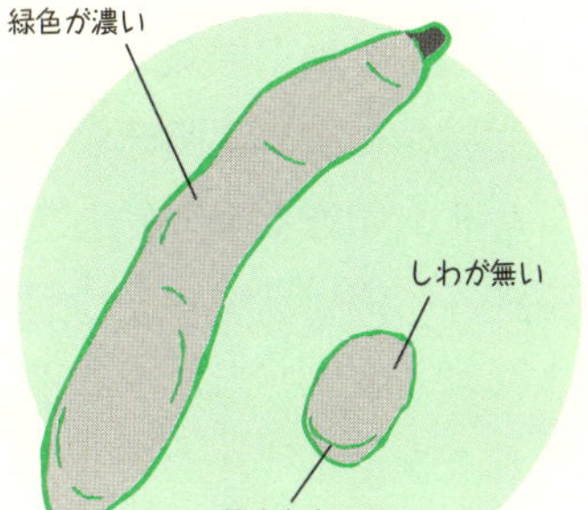

ここがコツ!　野菜は、色が濃く、張りがあって、切り口が新鮮なものを選ぼう！

肉

＊牛肉＊　赤身はあざやかで、脂肪の部分は白いもの。脂肪は古くなると黄色や茶色味がかってきます。パックの底にドリップ（汁）が染み出しているものは避けましょう。

牛肉は、「国産牛」と「和牛」の違いに注しましょう。和牛とは、食肉専用牛の品種のことで、黒毛和種、褐毛和種、日本短角種、無角和種の4種類があり、この4種類、およびこれらの交雑種のみ「和牛」と表示できます。一方、「国産牛」は産地を意味します。産地は一番長く飼育していた国を表示するので、生まれは外国でも日本で育てられた期間の方が長ければ国産牛になります。種類は関係ないので、乳牛のホルスタインを食肉にしても日本で育てば「国産牛」です。したがって、値段は「国産牛」より、食肉用の品種であることがはっきりしている「和牛」の方が高いのです。

＊豚肉＊　肉は淡いピンク色で光沢のあるもの。古くなると、黒ずんだくすんだ色になります。脂肪は白または乳白色で硬めのものが良質です。

＊鶏肉＊　鶏肉は特に傷みやすいので、注意して選びたいもの。肉はプリっとして弾力があり、皮は白くて毛穴が盛り上がっているものを選びましょう。古くなると全体にのっぺりとして、感触もベタベタしてきます。

魚介類

＊一尾もの＊　目がいきいきしている魚を選びましょう。いわしは皮が薄く、傷みやすい魚です。古くなると肛門から内臓が出てきます。うろこが残っているものは新鮮です。さんまは口先や尾の付け根が黄色いものは脂がのっています。

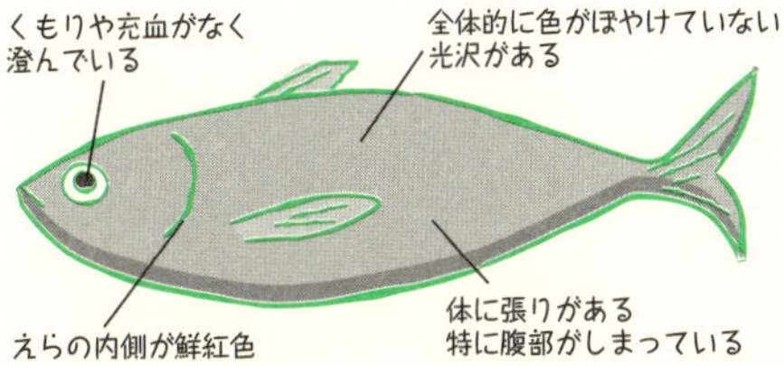

＊切り身＊　血合いは鮮度が落ちると黒ずんでくるので注意します。なるべくドリップ（汁）が出ていないものを選びましょう。

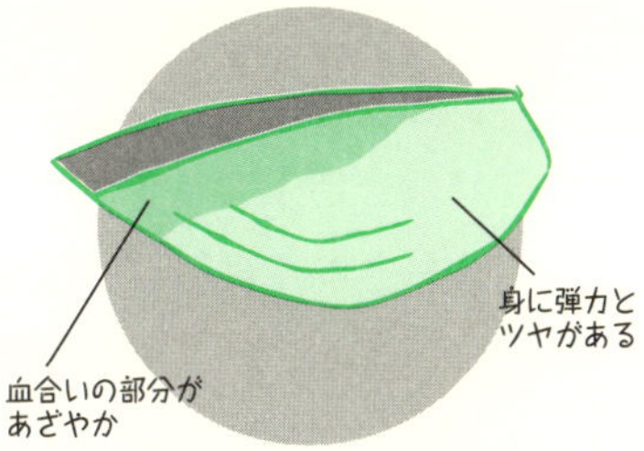

＊牡蠣＊　「生食用」と「加熱用」があります。生食用は、食品衛生法で定められた基準（細菌や大腸菌の数など）を満たしたものですが、殺菌処理のため、風味がやや落ちるといいます。食べ方によって使い分けましょう。むき身は、身がふっくらとして、ふちのひだが黒くあざやかなものを選んで下さい。

肉や魚を選ぶときは、色つやがよく、張りがあるものを。ドリップが出てるものは避けよう。

買い物のコツ

10 安くておいしい旬の食材

一年中出回っている野菜が多く、季節感に乏しい現代ですが、旬の野菜は安くておいしいだけでなく、より栄養があります。夏はトマトやなすなどでからだを冷やし、冬は根菜でからだを温めるなど、その季節の食材は健康面でも効果があります。魚と野菜の旬をぜひ頭に入れておきましょう。

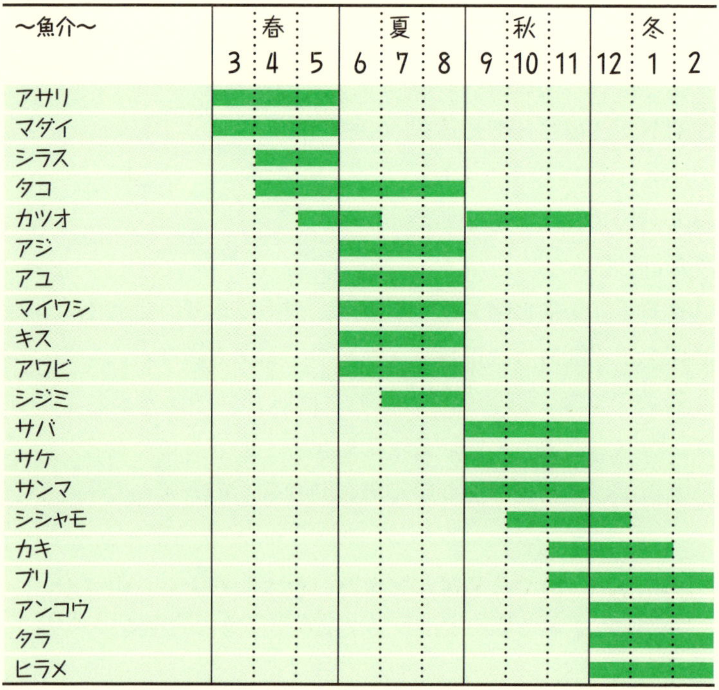

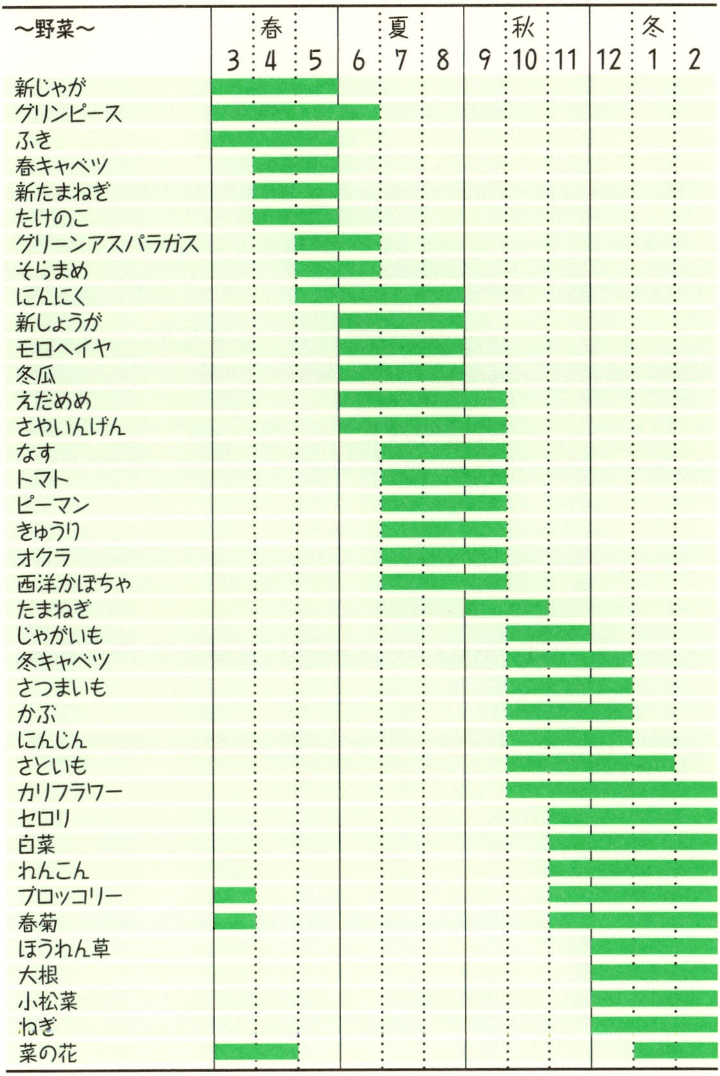
〜野菜〜
春
夏
秋
冬
3 4 5 6 7 8 9 10 11 12 1 2
新じゃが
グリンピース
ふき
春キャベツ
新たまねぎ
たけのこ
グリーンアスパラガス
そらまめ
にんにく
新しょうが
モロヘイヤ
冬瓜
えだめめ
さやいんげん
なす
トマト
ピーマン
きゅうり
オクラ
西洋かぼちゃ
たまねぎ
じゃがいも
冬キャベツ
さつまいも
かぶ
にんじん
さといも
カリフラワー
セロリ
白菜
れんこん
ブロッコリー
春菊
ほうれん草
大根
小松菜
ねぎ
菜の花

買い物のコツ 11
食品表示を確かめよう

コンビニ弁当や惣菜のパックを手に取ると、細かい字でぎっしり書かれたラベルが貼ってありますよね。お菓子のようにパッケージに印刷されている場合もあります。これは国が定める品質表示で、すべての飲食料品に表示するよう決められています。（その場所で作って売っている場合—たとえば、パン屋さんやお弁当屋さんなどは例外で、表示の義務はありません。）

ここには食品を選ぶときに必要な情報がたくさん詰まっています。いちいち全部見るのは大変ですが、チェックポイントを押さえて、安全な食品を手に入れましょう。

品質表示の項目は基本的に、

生鮮食品‥‥名称、原産地

加工食品‥‥名称、原材料名、内容量、賞味期限（消費期限）、保存方法、製造業者の氏名または名称および住所

です。食品によって付け加えられる項目もあるので、具体的に見ていきましょう。（以下は一例で、店によって違います。）

生鮮食品

＊肉（パック詰めの例）＊

固体識別番号：0123456789

名称：国産　牛もも肉

内容量：215g

価格：1462円

100g当たり：680円

消費期限：09.1.24

保存方法：4℃以下で保存

販売者：○○○（株）

東京都××区○○○ 1－2－3

名称・原産地　上記の例で注意するのは、「国産」の表記です。58ページでくわしく述べましたが、「国産牛」と「和牛」はイコールではありません。「和牛」は食肉用の牛で種類が特定されていますが、「国産牛」はほとんどの場合、食肉用の牛ではなく、乳用種（ホルスタイン種）やホルスタインと和牛の交雑種です。価格はどうしても、「国産牛」より、「和牛」の方が高いので、使う料理やおさいふと相談して下さい。

　また、国産品の場合は、単に「国産牛」とだけ書いてある場合もありますが、「北海道産」とか「茨城県産」などと地名が記されている場合もあります。輸入品は「オーストラリア産」のように原産国名が記載されます。

期限　もうひとつ、要チェックなのが期限表示です。「消費期限」は安全に食べられる期限のこと。肉や魚、弁当、惣菜など劣化が速い食品（だいたい5日以内に悪くなるもの）に表示されるので、その期限を過ぎたら食べないほうが良いでしょう。肉や魚介類の場合、加工日もたいてい記されています。

「賞味期限」は品質が充分に保持されている期限、つまりおいしく食べられる期限のことで、この期限を過ぎたらすぐ食べられなくなるということではありません。缶詰やスナック菓子、卵などに表示されますが、卵の生食は賞味期限内が無難です。

どちらも定められた保存方法を守り、開封する前の期限です。開封後は自分で判断してくださいということなので、状態を見ながら早めに食べましょう。

ここがコツ!

消費期限は守ろう。
賞味期限は過ぎても大丈夫。
どちらも食品の状態をよく観察して判断を！

一定量の値段　前記の例では100g当たりの値段が書かれています。肉や魚のほか、味噌や油などでも、陳列棚のプレートに記されている場合があり、値段を比べるときにとても参考になります。

＊鮮魚（パック詰めの例）＊

名称：ぶり（養殖）

原産地：鹿児島県産

価格：580円

消費期限：21.1.27

保存方法：10度以下で保存

販売者：○○○（株）

　　　　東京都××区○○○ 1－2－3

天然か養殖か　ここでのチェックポイントは「養殖」の表示です。鮮魚の場合、養殖したものは「養殖」と記載されます。

さて、ここで問題です。「活魚」や「活〆」の魚は天然でしょうか？養殖でしょうか？

答えはどちらもアリです。活魚とは、販売時に生きているか、または死後硬直前の魚のこと。活〆とは、生きている魚を即死させ、鮮度を保つ方法です。海で獲ってすぐ店の生け簀に運ばれ泳いでいるのかと思ったら、養殖魚だったりするわけです。先日もスーパーで「活〆ぶり（養殖）」と表示された魚を見かけましたが、天然魚にこだわる人は、「活魚」や「活〆」のことばに惑わされずに、しっかり表示を見ましょう。

解凍品　「解凍」された魚は、品質の面から家庭で再冷凍保存はできません。買ったらすぐに食べましょう。

鮮魚では、冷凍品を解凍した物は「解凍」と表示されます。

加工食品

＊例 1＊

品名：ヤングコーン水煮
原材料名：ヤングコーン（タイ産）、クエン酸、食塩、酸化防止剤（ビタミンC）
内容量：85g
賞味期限：枠外記載
保存方法：直射日光、高温多湿をさけ、冷暗所にて保管して下さい。
製造者：○○○○食品株式会社
△△県△△市○○１－２－３
TEL×××－×××－××××

加工食品の原料はどこから？　次に加工食品を見ていきましょう。生鮮食品の場合はどこでとれたか、どこで飼育したか、という原産地名の表示が必要ですが、加工食品は基本的には必要ありません。ただし、加工食品に分類されていても生鮮食品に近いような食品に関しては、原料原産地名の表示が義務付けられています。たとえば、いろいろな種類が入ったカット野菜やカット果実のパック、野菜の水煮、合びき肉、フライ種として衣をつけた食肉、ゆでた魚介類、焼き海苔、こんにゃく等々、複数の食品群が指定されています。

例1では、原材料の欄に（タイ産）とあるのが、ヤングコーンの原料原産地です。

表示しなくていい場合も　しかし、「原料原産地の表示」というのは、結局のところ「生鮮食品に近い加工食品であること」を目安として対象品目を選んでいるので、弁当やレトルトパウチ食品など多くの加工食品には書かなくてもよいことになってしまっています。

ところで、刺身は1種類だと生鮮食品なのですが、複数の種類の盛り合わせになるとなぜか加工食品扱いになります。しかも原料原産地名の表示義務もありません。一応業者が自主的に原産地名の表示を行うのが望ましいとされていますが、書かれていない場合もたくさんあります。

表示義務のあるとされる品目、たとえばカット野菜ミックスの場合でも、「原材料に占める割合が50%以上の野菜のみ」表示義務があるので、それ以外の野菜の原産国は書かなくてもかまいません（一応、「任意で表示することが望ましい」とはされていますが）。もしキャベツ千切り40%、カットレタス30%、カットトマト30%だったら、もう原産国は何も表示しなくてよいことになってしまいます。

このように、原料原産地の表示は多くの問題があり、現在見直しが検討されているところです。

国産表示　多くの加工食品に原料原産地名の表示義務がないなかで、最近は対象外品目でも、国産の場合は、セールスポイントになるので積極的に「国産△△」としている商品をみかけます。国産がすべて良くて、外国産が悪いとは決して言えませんが、このような規定があることを頭の片隅に入れておいて下さい。ちなみに、輸入品の場合は、「原産国」と「輸入者」の欄があります。

食品添加物のチェック　加工食品でとくに見て欲しい項目は、原材料名の欄です。原材料名では使用した全ての原材料のうち、まず添加物以外の原材料が、次に添加物が、重量の重い順に記載されます。例1では酸化防止剤（ビタミンC）が食品添加物です。

＊例2＊

品名：ボンレスハム（スライス）

原材料名：豚もも肉、糖類（水あめ、砂糖）、食塩、リン酸塩（Na）、調味料（アミノ酸）、カゼインNa、酸化防止剤（ビタミンC）、発色剤（亜硝酸Na）

内容量：80g

価格：280円

消費期限：枠外表面上部に記載

保存方法：10℃以下で保存してください

販売者：○○○○株式会社

△△県△△市○○ 1－2－3

（色付き）部分が食品添加物

食品添加物とは、食品を加工するとき、加工や保存のために使われるものです。何が使えるかは食品衛生法によって指定されていますが、長期間複数の添加物を使用した場合、人体にどんな影響が出るかなど、まだわかっていない部分があります。

とはいえ、添加物を全く排除するのはむずかしいものです。食品添加物に関しては、本もたくさん出ているので、情報を収集して、これだけは避けたい添加物を自分なりに決めておくのがいいと思います。

参考までに、発がん性や催奇形性（胎児に障害をもたらす）毒性が疑われているものとしてよく取りあげられるは、合成着色料のタール色素（青色1号、赤色2号、黄色4号などいろいろある)、発色剤の亜硝酸Na、防カビ剤のオルトフェニルフェノール(OPP)やTBZ(チアベンダゾール)などです。タール色素は菓子やハムや辛子明太子などに、亜硝酸Naはソーセージやイクラなど、OPPやTBZは輸入オレンジやレモンなどに使われることが多いので注意しましょう。

ここがコツ! **原材料と添加物は多い順に書かれている。疑惑の添加物には注意を!**

このほか、品質表示には、栄養成分表示(79ページ参照)、アレルギー物質を含む原材料の表示、遺伝子組み換え食品の表示などがあります。買い物の時間はたいてい限られていますので、品質表示の何を優先的に目を通すか整理しておくといいですね。

買い物のコツ

12 知ってる？食品マーク

食品選びの手助けとしては、食品マークも挙げられます。ひと目でわかる便利なマークですが、意外と知らないものです。マークの成り立ちから活用法まで、学習していきましょう。

JASマーク（Japanese Agricultural Standard）

JAS（ジャス）マークとは、JAS規格（日本農林規格）を満たしているという印です。JAS規格制度は、1950年に制定されたもので、当時は戦後の混乱で粗悪品が横行していたため、一定の品質や製造を保障するために作られました。

前項で取り挙げた品質表示は、全ての食品に義務付けられているのですが、JASマークの場合は付けるか付けないかはメーカーに任されており、規格を満たしても付いていない商品はたくさんあります。しょうゆや酢、油、インスタントラーメンなどではよく見かけますが、ジャムや缶詰ではあまり見かけないなど、業界によって差があるようです。

また、発色剤などの添加物が入っているハムにJASマークが付いていて、添加物の少ない無塩せきのハムには付いていないということもあります。

総じてこの「一般JASマーク」は基準がゆるやかなので、食品を選ぶ際、付いているか付いていないかはそんなに気にしないでいいようです。

JASマーク

名称	マーク	説明	主な対象
JASマーク（一般JASマーク）		おもに色、香り、成分などの品質の基準を満たした食品。ものによっては特急、上級、標準などのランクに分かれる	食品、木材、生糸など
有機JASマーク		有機栽培され、遺伝子組み換え技術を使わないなど、有機JAS規格を満たした農作物、畜産物やその加工食品	農産物、畜産物、加工食品
特定JASマーク		特別な生産方法や製造方法についての規格（特定JAS規格）を満たした食品	地鶏、手延べ干し麺 熟成ハム、熟成ベーコンなど
生産情報公表JASマーク		だれが、どこで、どのように生産したのかを、消費者にきちんと公表するための規格を満たした食品	牛肉、豚肉、農産物、加工品（豆腐、こんにゃく）

＊有機JASマーク＊

生活や商品の変化に伴って、JASマークの種類が増えました（表参照）。この中で食品選びに最も役立つのは「有機JASマーク」です。

一時期、「有機」や「オーガニック」を売り文句にした商品がはんらんしました。当初は基準がはっきりしていなかったので、「無農薬」「減農薬」といってもさまざまだったのですね。そこで「有機JAS」の基準が作られました。それは

①たい肥などで土作りを行う

②2年以上（果樹などの多年生作物は3年以上）前から禁止された農薬や肥料を使用しなかった田畑で生産する。

③栽培中も原則として農薬・化学肥料を使わない。

④遺伝子組み換えの種や苗は使わない、などの規定です。

畜産物や加工食品も有機JASマークの対象になります。加工食品は、原材料の水と食塩を除く95%以上が、有機農産物や

有機畜産物、有機加工食品でなければいけません。

今はこうした基準に合格しなければ有機JASの表示はできなくなりました。スーパーによっては有機JASコーナーを設けているところもあります。

＊特別栽培農産物＊（マークなし）

有機JASほどではない「減農薬」「減化学肥料」などの食品に、「特別栽培農産物」があります。これは、農薬と化学肥料の両方を、通常その地域で使う半分以下にして栽培された農産物です。どの農薬・化学肥料がどの程度使用されたかは、店頭での表示やホームページで確認できるようになっています。ただ単に「減農薬」だとか「減化学肥料」などとうたうのは禁止で、きちんと数値を示さなくてはならないようになっています。ただし罰則はなく、有機JASマークの基準よりずっとゆるやかです。そのかわり、値段も有機農産物より手ごろです。「有機」はちょっと手が出ないが、少しでも農薬や化学肥料を減らしたいときの選択肢になるでしょう。

農林水産省新ガイドラインによる表示

特別栽培農産物	
節減対象農薬	××地域比５割減
化学肥料（窒素成分）	××地域比５割減
栽培責任者	××××
住所	○○県××市
連絡先	Tel　○○○－
確認責任者	△△△△△
住所	○○県××市
連絡先	Tel　○○○－

節減対策農薬の使用状況		
使用資材名	用途	回数
×××	殺菌	2回
△△△△△△	殺虫	2回
○○○○	除草	1回

ここがコツ! 有機栽培野菜を探すなら「有機JAS」マークを探そう!

健康食品の表示

健康への関心の高まりから、健康食品は世の中にあふれかえっています。なかには表示ほどの効果はないものや、かえって健康被害を起こすものまであります。

次の図は、厚生労働省が作ったものですが、健康食品は、あくまで食品として位置づけられています。普段の三度三度の食事をしっかり摂るのが基本で、健康食品はその補助に過ぎないということです。

保健機能食品とは

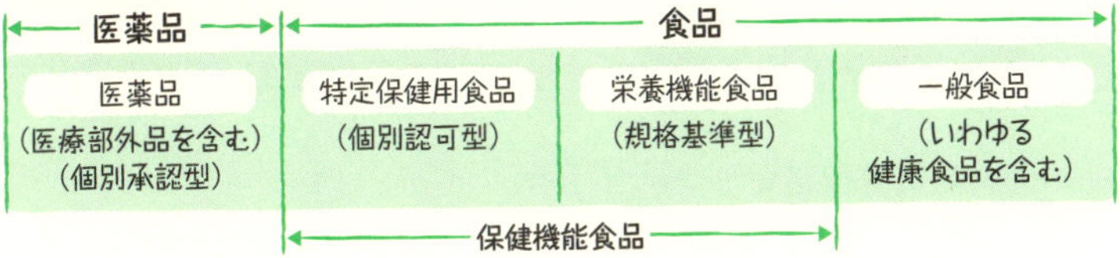

こうした考えのうえで、一定の条件を満たせば「特定保健用食品」や「栄養機能食品」として、表示をすることができることになっています。これらはふつうの食品より価格が高いことが多いですし、表示の内容をよく見ましょう。

まず、この制度の特徴を知っておきましょう。

＊特定保健用食品＊

　最近よく耳にする「トクホ」です。トクホは、体の生理機能などに影響を与える成分を含んでいて、「おなかの調子を整える」とか「コレステロールを下げる」などといった用途を表示して販売される食品です。科学的根拠を示し、国から安全性や有効性の審査を受けて、許可されることが必要です。

　「特定の保健の目的が期待できる」なんて、ややこしくてあいまいな言い方で定義されていますが、要するに「コレステロールが下がることが期待できる」わけで、本当に下がるかはわかりません。医薬品と違って、体の不調や病気を治すものではないのです。また、大量に摂ったからといって、より効果がでるものでもありません。

さらに2009年、トクホの食用油に、発がん性物質に変わる可能性のある成分が含まれていることがわかり、メーカーがトクホの許可を返上する事態が起きました。健康食品の誇大広告を防ぐ目的のトクホ制度ですが、過剰な信頼は禁物のようです。

その他の品質を保証するマーク

名称	マーク	説明	主な対象
特定保健用食品マーク	厚生労働省許可 特定保健用食品	いわゆる健康食品のうち、厚生労働省が有効性や安全性を審査して、一定の表示を許された食品	健康補助食品
JAFA(ジャファ)認定マーク	JHFA (財)日本健康・栄養食品協会認定	（財）日本健康・栄養食品協会が、成分、安全性、製造工程などを審査し、規格に適合した健康補助食品	健康補助食品のうち、規格を定めた食品群
特別用途食品マーク		乳児用、妊産婦用、高齢者用、病者用などの発育、健康の保持・回復等に適した食品	乳幼児、妊産婦、病者、授乳婦、高齢者のための加工食品

＊栄養機能食品＊（マークなし）

「栄養機能食品」は、規格基準に合っていれば審査も申請もいりません。不足しがちである栄養素（ビタミン12種類、ミネラル5種類）の補給・補完が目的です。

表示は、栄養機能食品の文字の後に（カルシウム）などと補給される栄養素が書かれています。また、「カルシウムは、骨や歯の形成に必要な栄養素です」というように、補給された栄養素の機能を表示しています。

トクホと同様、一日当たりの摂取目安量を書くことが義務付けられています。ビタミンAやDなどのように、摂り過ぎると害になるものもあるので、注意が必要です。

＊JAFAマーク＊

保健機能食品は国が定めるものですが、それとは別に、（財）日本健康・栄養食品協会が認定するJHFA（ジャファ）マークがあります。ここでは製品規格（規格成分含有量など）、安全・衛生（残留農薬や細菌数など）その他の項目が審査されますが、効能までは評価されません。

健康食品は、その効果ははっきりしないものが多いのが実情です。健康食品に頼る前に、まずは、毎日の食事をしっかりバランス良く摂ることを心がけて下さい。

＊特別用途食品＊

高齢者、病者、妊産婦、乳児などのための食品　――たとえば、高齢者のための流動品、低カロリー食品、乳児用調製粉乳などに付けられています。安全性・有効性が審査の対象となり、国が許可します。こうした特別な目的の食品選びの参考にしてください。

＊サプリメント＊

食品マークとは関係ありませんが、最後にサプリメントについても触れておきましょう。見た目はまるで薬のようですが、加工食品に位置づけられています。テレビのＣＭで「お召し上がりください」と言っていることからもわかりますね。特定の栄養素だけを摂ることになるので、摂り過ぎが心配です。ビタミンやミネラルでも摂り過ぎが良くないものはたくさんあります。（85〜91ページ参照）ふつうの食べ物にはいろいろな栄養素が含まれているので過剰摂取はほとんどありません。Supplementは英語で「補う」の意味。まず、毎日の食事を見直すことから始めましょう。

ここがコツ！

「栄養機能食品」には審査がいらない。「特定保健用食品（トクホ）」も病気を治すものではない。健康食品は食事の補助と考えよう！

買い物のコツ

13 まどわされない栄養表示の読み方

「砂糖ゼロ」「甘さひかえめ」「うす塩」「カロリーオフ」…そんな表示にひかれて食品を選ぶことはありませんか？

こうした表現は、「健康増進法」という法律によって、実はいろいろと表示方法が決められています。しかし気をつけないと、欲しかったものとは違う商品を買うはめになりかねません。栄養表示の法則を学習して、キャッチフレーズにまどわされないようにしましょう。

ここからは、少しややこしい話になります。中学の家庭科の教科書でも、本文ではなくコラムで触れられているようなことなのですが、あなたのいままでの食品選びを変えるかもしれない、重要なポイントですので、しばらくお付き合い下さい。

＊強調表示＊

加工食品で、ある栄養成分を多く含んでいるとか、少ないことを強調する場合―これを「強調表示」といいますが、基準が定められています。強調表示には、栄養成分の量を、その食品単独で考える「絶対表示」と、他と比べて多いか少ないかを示す「相対表示」に分かれています。

＊絶対表示の場合＊

栄養成分が多い場合には、明らかに「高い」場合と、単に「含む」程度では、表現も基準も違います。たとえば、「ビタミンC**たっぷり**」だと食品100g当たり24mg以上ないといけないのに対し、「ビタミンC**供給**」だと12mg以上でいいということになります。

栄養成分が少ない場合も、単に「低い」のと「含まない」場合では、表現と基準が違います。「**ノン**カロリー」だと100g当たり5kcal未満でなくてはならないのに対し、「カロリー**ライト**」になると40kcal以下であればよいことになっています。

そう言われてみればそうだなあと思えることばの違いなのですが、きちんと数字で基準が設けられていたのは驚きですね。ここで確認しておきたいのは、「含まない旨」の表現は基準値未満であればいいので、完全にゼロではないこともあります。具体的な表現について表にまとめてみます。

絶対表示の言い回しと基準値（抜粋）

		言い回し	ビタミンC	カロリー
多いことを強調	高い旨の表示	高、多（い）、豊富、たっぷり…	食品100g当たり24mg以上（または100ml当たり12mg以上）	
	含む旨の表示	源、供給、含有、入り、使用、添加、含む…	食品100g当たり12mg以上（または100ml当たり6mg以上）	
少ないことを強調	低い旨の表示	低、ひかえめ、少、ライト、ダイエット…		食品100g当たり40kcal以下（または100ml当たり20kcal以下）
	含まない旨の表示	無、ゼロ、ノン、レス、フリー…		食品100g（または100ml）当たり5kcal未満

（各栄養成分の基準値は、ビタミンCとカロリーだけ示した。）

それにしても、ややこしいですね。この表現は「含まない」意味？単に「低い」意味？なんていちいち考えてられませんよね。こういうときは、次に述べる「栄養成分表示」を確認するのがてっとり早く確実です。

＊栄養成分表示＊

強調表示をするとき、いっしょに示す必要があるのが、栄養成分表示です。特定保健用食品や栄養機能食品（74〜75ページ参照）にも表示しなくてはなりません。

エネルギー・たんぱく質・脂質・炭水化物（糖質と食物繊維に分けて書いてもよい）ナトリウムの5項目の量をこの順番で表示します。ほかに特定のビタミンやミネラルを強調表示した場合は、その量も表示します。

栄養成分表示	100g当たり
熱量	67kcal
たんぱく質	3.1 g
脂質	0.5g
炭水化物	12.6g
ナトリウム	45mg
カルシウム	100mg

（この中のナトリウム＝食塩ではありません。

食塩(g) ＝ナトリウム(mg)×2.54÷1000で計算します。）

栄養成分表示を見れば、「ひかえめ」だの「たっぷり」だの強調表現がどんな場合であれ、どれだけの栄養量かが、はっきりわかりますね。

このとき、表示が何ｇ(ml)当たりなのかという「単位」を確認するのを忘れずに。「100ml当たり」「1枚（標準30g）当たり」などというように記載されているはずです。１回に食べる量が多いか少ないかによって栄養成分の摂取量も変わってきます。また、他の製品と比べる場合にも、この単位に気をつけて比較して下さい。

＊糖のからくり―「糖類ゼロ」と「砂糖ゼロ」は同じ？＊

実は糖にもいろいろ種類があるので、整理しておきましょう。

糖質は、その構造から単糖類（ぶどう糖や果糖など）、少糖類（ショ糖＝砂糖など）、多糖類（でんぷんなど）、糖アルコール（エリスリトールなどの低カロリー甘味料）に分類されます。単糖類と少糖類を合わせて糖類（または糖分）とも言います。

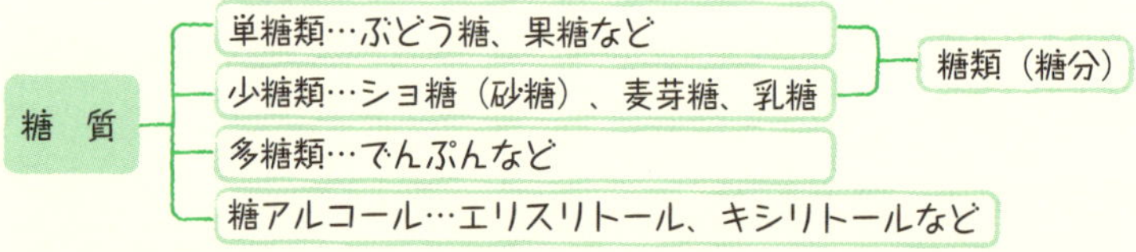

たとえば「糖類ゼロ」「糖分ゼロ」の場合、糖類（＝糖分）だけがゼロ（正確には100gまたは100ml中5kcal未満）で、実は糖アルコールが含まれているかもしれません。

また、「砂糖ゼロ」の場合は、少糖類のショ糖（砂糖）だけがゼロで、ぶどう糖や果糖、糖アルコールが含まれるかもしれません。

では、「無糖」「ノンシュガー」「シュガーレス」「シュガーフリー」はどうでしょう？これらは全部「糖類ゼロ」と同じ意味なので、糖アルコールが含まれる可能性があります。

糖分が入っていないはずなのにどうして甘いのだろう、と思ったことはありませんか？添加物の表示を見ると、エリスリトールなど何らかの糖アルコールが含まれていることが多いのです。「砂糖ゼロ」の場合は、ぶどう糖や果糖が含まれていて案外カロリーが高いこともあります。

やはりここでも添加物や栄養成分（とくにカロリーの値）を

チェックすることが必要なのです。

＊無添加・不使用のわな―「無添加」「不使用」は「ゼロ」のこと？＊

「砂糖無添加」「砂糖不使用」の場合で考えてみましょう。「無添加」「不使用」は、実は加工段階で使用していないという意味です。つまり、その食品本来の成分として砂糖が含まれている場合があるということです。「食塩無添加」「食塩不使用」も同じで、加工段階で不使用ということです。

また「砂糖ゼロ」と同じで、砂糖以外の糖質、すなわちブドウ糖や果糖、低カロリー甘味料を含む可能性があります。

＊実は基準がない表現―「甘さひかえめ」は「糖分ひかえめ」ではない？「うす塩味」は「うす塩」ではない？＊

「糖分ひかえめ」と「うす塩」には基準があるのに対し、「甘さひかえめ」と「うす塩味」には、実は基準がありません。「甘さ」と「味」は味覚であり、人によって感じるところが違うので、基準がないという考え方なのです。つまり、「甘さひかえめ」といいながら実は「糖分たっぷり」である可能性もあるということです。

「うす塩味」と同様、「塩味ひかえめ」や「塩分ひかえめ味」などと「味」を付けて基準から逃れようとする表示もあり得るので要注意です。

＊相対表示の場合―「カロリーカット」は「カロリーゼロ」ではない＊

「カット」という表現は、ほかと比べて低く抑えられている意味で、「ゼロ」とは違います。

このように、他と比べる相対表示には、以下のような表現があります。

相対表示の言い回しと基準値（抜粋）

	言い回し	ビタミンC	カロリー
強化された旨の表示	強化、増、アップ、プラス…	比較商品との差が製品100g当たり12mg以上であること	
低減された旨の表示	減、カット、オフ…		比較商品との差が製品100g当たり40kcal以上あること

（各栄養成分の基準値は、ビタミンCとカロリーだけ示した。）

相対表示には、①比較する品名（「自社従来品○○と比較して」「五訂増補日本食品標準成分表の○○より」など）②増加（低減）量や割合（「○○％カット」「○○ｇ増」など）③栄養成分表示が必要です。

相対表示で気をつけたいのは、現在あまり出回っていない自社の古い製品と比べている場合もあるからです。いくら「50パーセントカット」といっても、比べる相手の数値が高かったら意味がありません。絶対表示のようなはっきりした基準がないだけに、ことばにまどわされず、これもやはり栄養成分表示で、具体的な栄養量をしっかりチェックしましょう。

ここがコツ！

キャッチコピーにまどわされないためには、栄養成分の数値をチェック！
とくにカロリーとナトリウムを確認しよう。

バランスのとれた食事のために

14 5大栄養素を知っておこう

「バランスのいい食事」ってなんでしょう。何を食べたらいいのでしょうか？それを知るために、栄養の役割を確認しておきましょう。「5大栄養素」、家庭科で学習したはずですが、あんまり覚えていないかもしれませんね。ここでは、栄養素が「不足した場合」「摂り過ぎた場合」を考えるので、それぞれの栄養素の役割がはっきりしてくると思います。

5大栄養素

食品に含まれる栄養素を、その性質やはたらきから分類します。このうち、からだをつくり、動かす炭水化物・脂質・たんぱく質を3大栄養素といいます。これに、からだのはたらきを調整する、ミネラル、ビタミンが加わったものが5大栄養素です。

5大栄養素のはたらき

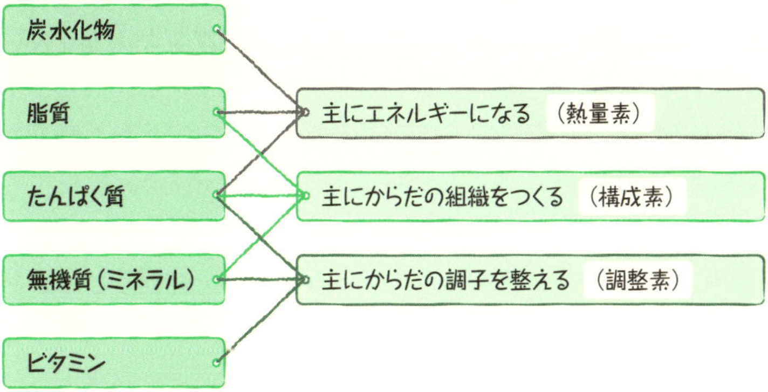

＊炭水化物＊

炭水化物は、消化吸収される糖質と、消化されない食物繊維の2種類に分けられます。糖質にはぶどう糖やショ糖、でんぷんなどがあり、1g当たり約4kcalのエネルギーをつくり出します。また、脳はぶどう糖だけをエネルギー源にしているので、頭を使うときには朝食をしっかり摂りましょう。

炭水化物がエネルギーになるのを手助けするのは、ビタミンB1です。

不足すると…からだはエネルギーを得るために皮下脂肪を分解し、さらに足りないと、たんぱく質を分解してしまいます。そのため、疲れやすくなり、脳のはたらきも悪くなります。

摂り過ぎると…体脂肪となり、肥満の原因になります。

＊脂質＊

脂質というと太るというイメージがあり、なるべく摂らない方がいいと思われがちです。確かに1g当たり約9kcalをつくり出す高エネルギー源ですが、細胞膜や胆汁、ホルモンの成分になる重要な栄養素です。植物性油脂や魚油に多く含まれる不飽和脂肪酸は、血中コレステロールを低下させ、血栓を予防する役割もあります。

また、ビタミンA、D、E、Kやカロテンの吸収を助けます。

不足すると…血管がもろくなります。体力が低下し、疲れやすくなります。

摂り過ぎると…余った脂質は蓄えられるので、肥満になります。また、脂質の種類によっては、血中のLDL(悪玉)コレステロールや中性脂肪を増やし、動脈硬化の原因になります。

＊たんぱく質＊

筋肉や皮膚、内臓や血液をつくります。また、酵素やホルモン、神経伝達物質などの原料になっており、抗体としてからだを守るなど生命の素ともいえる大切な栄養素です。1g当たり4kcalのエネルギー源にもなります。

不足すると…筋肉が減り、体力がなくなります。肌がカサカサになり、思考力や記憶力がにぶくなります。

摂り過ぎると…動物性のたんぱく質には動物性の脂肪や痛風の原因になるプリン体も多く含まれているため、肥満になったり、痛風になる恐れがあります。たんぱく質の分解にかかわっている腎臓にも負担をかけます。

＊ビタミン＊

からだの機能を整え、他の栄養素のはたらきを助けるなど、からだの中の潤滑油のような役割です。水に溶ける「水溶性」と油に溶ける「脂溶性」があります。

水溶性ビタミンは、B群とCなどです。余った分は尿といっしょに排出され、貯めておくことができないので、毎日摂ることが必要です。

脂溶性は、ビタミンA、D、E、Kで、摂り過ぎると体内に貯まり害になる場合があります。サプリメントを利用する場合は注意しましょう。

ビタミンA

皮膚や粘膜を丈夫にし、病原菌の侵入を防いでいます。

不足すると…皮膚炎や感染症を起こしやすくなります。目がかわいたり、暗いところでものが見えにくくなる夜盲症になったりします。

摂り過ぎると…急性中毒になると、頭痛、吐き気、めまいが起きます。ただし、緑黄色野菜などに含まれるβ（ベータ）カロテンは、体内で必要量のみがビタミンAに変わるので、摂り過ぎる心配がありません。

ビタミンAを多く含む身近な食品ベスト5

	1食の所要量	含有量(ug)
1位	鶏レバー(50g)	7000
2位	豚レバー(50g)	6500
3位	うなぎのかば焼き(1串=100g)	1500
4位	銀だら(100g)	1100
5位	モロヘイヤ(1/2袋=50g)	850

βカロテンを多く含む身近な食品ベスト5

	1食の所要量	含有量(ug)
1位	モロヘイヤ(1/2袋=50g)	5000
2位	にんじん(1/4本=50g)	4550
3位	春菊(100g)	4500
4位	ほうれんそう(100g)	4200
5位	西洋かぼちゃ(100g)	4000

ビタミンB1

炭水化物（糖質）が分解してエネルギーになるのを助けるはたらきがあります。また、中枢神経や末梢神経の働きを正常に保つはたらきもあります。玄米や雑穀からビタミンB1を摂っていた日本人にとって、現代の食生活では最も不足しやすいビタミンです。水に溶けやすいうえ、油にも溶けやすい性質です。にんにく、ねぎ、にらなどに含まれる「アリシン」といっしょに摂ると吸収率がアップするので、調理を工夫しましょう。

不足すると…食欲不振、消化不良、強い疲労感などが起きます。ひどくなると脚気《かっけ》になります。

ビタミンB1を多く含む身近な食品ベスト５

	1食の所要量	含有量(mg)
1位	豚肉(100g)	0.98(ヒレ肉)・0.96(もも肉)等
2位	うなぎのかば焼き(1串＝100g)	0.75
3位	ハム(50g)	0.45(ボンレスハム)・0.30(ロースハム)
4位	養殖まだい(100g)	0.34
5位	玄米ごはん(1杯＝150g)	0.24

ビタミンB2

脂肪の燃焼に必要です。血管をつまらせる「過酸化脂質」を分解します。皮膚や粘膜、爪、髪を健康な状態に保ちます。

不足すると…口内炎、口角炎、目の充血など粘膜に異常が現われます。肌が荒れ、脂肪がからだに貯まります。

ビタミンB2を多く含む身近な食品ベスト５

	1食の所要量	含有量(mg)
1位	レバー(50g)	豚レバー1.8・牛レバー1.5・鶏レバー0.9
2位	うなぎのかば焼き(1串＝100g)	0.74
3位	塩さば(100g)	0.59
4位	まいわし(100g)	0.36
5位	牛乳(200ml)	0.32

ビタミンC

細胞どうしをつなげる役目をする、コラーゲンの生成に不可欠です。白血球のはたらきを助け、病原菌から、からだを守っています。がんの予防効果もあります。

不足すると…血管が弱くなり、歯ぐきなどから出血し、ひどいときは壊血症になります。

摂り過ぎると…下痢やおう吐が起きることがあります。

ビタミンD

骨や歯をつくります。ビタミンDの一部は、紫外線によって合成されるので、よく日光にあたることも大切です。

不足すると…乳幼児ではくる病（子どもの軟骨化症）、成人の場合は骨軟化症、骨粗しょう症を起こします。

摂り過ぎると…血液中のカルシウムが濃くなる高カルシウム血症を起こしたり、腎臓のはたらきが阻害されます。

ビタミンCを多く含む身近な食品ベスト5

	1食の所要量	含有量(mg)
1位	柿(1個＝200g)	127
2位	菜の花(100g)	130
3位	赤ピーマン(50g)	85
4位	芽キャベツ(50g)	80
5位	キウイフルーツ(1個＝100g)	69

ビタミンDを多く含む身近な食品ベスト5

	1食の所要量	含有量(ug)
1位	紅ざけ(100g)	33
2位	まいわしのみりん干し(50g)	27
3位	塩ざけ(100g)	23
4位	なまり節(100g)	21
5位	さんま(150g)	20

ビタミンE

抗酸化作用があるので、血液成分や生体膜の酸化を防いで、がん、脳卒中、心臓病、動脈硬化などの病気や老化を予防する効果があるとされています。

不足すると…がんや生活習慣病のリスクを高めます。

ビタミンEを多く含む身近な食品ベスト5

	1食の所要量	含有量（mg）
1位	アーモンド（乾）30g	9.4
2位	西洋かぼちゃ（100g）	5.1
3位	キングサーモン（150g）	5.0
4位	うなぎのかば焼き（1串＝100g）	4.9
5位	まぐろ油漬缶詰（50g）	4.6

＊無機質（ミネラル）＊

人間のからだを構成している元素は、炭素、水素、酸素、窒素が約95％で、残りの約5％はまとめて無機質（ミネラル）と呼ばれます。量は少ないのですが、からだの機能の維持や調節に欠かせません。体内で合成できず、食物から摂る必要がありますが、摂り過ぎると過剰症を引き起こすので、サプリメントを使う場合は注意が必要です。

ミネラルには40種以上の種類がありますが、ここでは、とくに不足しがちなミネラルと過剰摂取に気をつけたいミネラルをとりあげました。

＊とくに不足しがちなミネラル＊

カルシウム

ビタミンDやマグネシウムとともに、骨や歯をつくります。神経の鎮静作用もあります。

カルシウムを多く含む身近な食品ベスト5

	1食の所要量	含有量(mg)
1位	干しえび(10g)	710
2位	うるめいわしの丸干し(50g)	285
3位	かたくちいわし田作り(10g)	250
4位	牛乳(200ml)	231
5位	プロセスチーズ(30g)	189

鉄

　おもに赤血球のヘモグロビンとなって、からだの各器官に酸素を運びます。不足すると酸素が行き渡らなくなり、貧血、めまい、思考力の低下、疲れやすいなどの症状が表れます。鉄分は吸収されにくい栄養素ですが、ビタミンCやたんぱく質といっしょに摂るとが吸収率がアップします。

鉄分を多く含む身近な食品ベスト5

	1食の所要量	含有量(mg)
1位	あさり(水煮缶=30g)	11.3(生50g=1.9)
2位	豚レバー(50g)	6.5
3位	干しひじき(10g)	5.5
4位	鶏レバー(40g)	3.6
5位	がんもどき(中1個=80g)	2.9

亜鉛

　細胞や組織の新陳代謝を活発にするはたらきがあるので、不足すると皮膚炎や脱毛が起こり、子どもの場合は成長が遅れます。味覚を正常に保つはたらきもあり、亜鉛不足から味がわからなくなる味覚障害になることもあります。

亜鉛を多く含む身近な食品ベスト5

	1食の所要量	含有量(mg)
1位	生かき(100g)	13.2
2位	牛肉(100g)	輸入牛肩ロース6.4・和牛もも4.4等
3位	レバー(50g)	豚レバー3.5・牛レバー1.9・鶏レバー1.7
4位	豚肩ロース(100g)	3.2
5位	うなぎのかば焼き(1串=100g)	2.7

＊とくに摂り過ぎに注意したいミネラル＊

ナトリウム

ナトリウムは通常食塩として摂っています。79ページでも述べたように、ナトリウム(mg)×2.54÷1000が食塩相当量(g)になります。汗をたくさんかいたり、病気などで脱水症状になると、ナトリウムも不足して倦怠、めまい、食欲不振などの症状が現われます。

ふつうは不足より摂り過ぎに注意が必要で、高血圧や動脈硬化の原因になります。

リン

リンはカルシウムと結合して骨や歯をつくります。リンを摂り過ぎると、その排泄のためカルシウムが使われるので、カルシウム不足を招きます。清涼飲料水や加工食品の添加物にリンがよく使われています。摂り過ぎに注意しましょう。

バランスのとれた食事のために

15 栄養のバランスをとるために

食材には、たとえば肉ひとつとっても、たんぱく質、脂質、ビタミン、ミネラルといった、さまざまな栄養が含まれています。私たちは、いろいろな食材が入った料理を食べることによって、より多くの種類の栄養素を摂ることができるのです。

では実際の食事で何をどれだけ摂ればいいのか、見当をつけたいですよね。そこでこの章では、その方法を学びます。食品群は「4つ」や「3つ」で分類する方法もありますが、ここでは分類が細かくて、はたらきがわかりやすい「6つ」で話を進めます。

6つの食品群

食品を、栄養素が似ているもの同士6つに分類し、それぞれどれだけ摂ればいいのか、めやすを設定したものです。

1群…肉,魚,卵,豆,豆製品
（主にたんぱく質を多く含む食品）

*血や筋肉をつくる
*エネルギー源になる

2群…牛乳,乳製品,小魚,海藻
（主にカルシウムを多く含む食品）

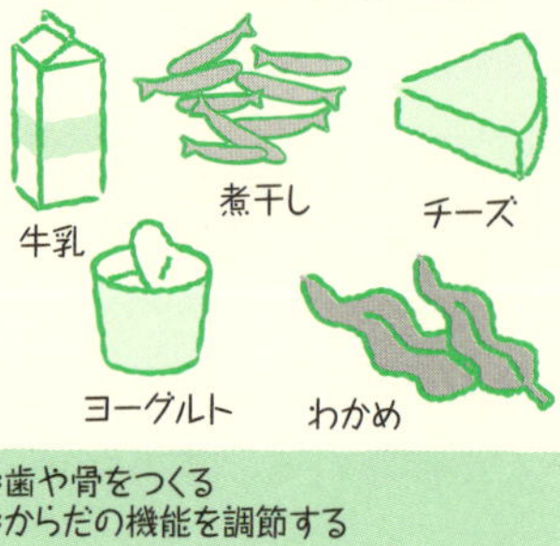

*歯や骨をつくる
*からだの機能を調節する

3群…緑黄色野菜
（主にカロテンを多く含む食品）

*皮ふや粘膜を保護する
*からだの機能を調節する

4群…その他の野菜、果物
（主にビタミンCを多く含む食品）

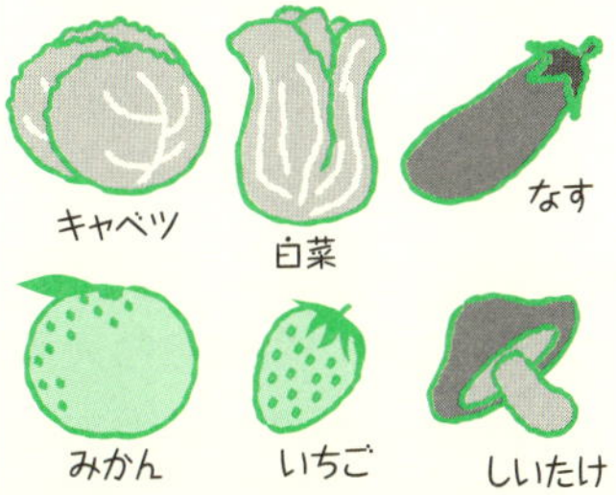

*からだの機能を調節する

5群…米,パン,麺,いも,砂糖
（主に炭水化物を多く含む食品）

*エネルギー源になる
*からだの機能を調節する

6群…油脂
（主に脂質を多く含む食品）

*エネルギー源になる

6つの食品群の摂取量のめやす

（1人1日当たりの重量＝g）

年齢区分	1群		2群		3群		4群		5群		6群	
	男	女	男	女	男	女	男	女	男	女	男	女
18〜29歳	330	300	400	400	100	100	300	300	520	380	20	15
30〜49歳	300	300	300	300	100	100	400	400	520	380	20	15
50〜69歳	250	250	300	300	100	100	400	400	480	360	15	15
70歳以上	250	210	300	300	100	100	400	400	410	330	15	15

（年齢区分の6〜17歳は省略）

この「6つの食品群」という考え方の良いところは、栄養素を具体的な食品群に置き換えたことです。たとえば、献立を決めるときに、「今日は緑黄色野菜を摂ってなかったので、かぼちゃの煮つけを足そう」などと考えることができます。6つの食品群を思い浮かべて、何が足りないかチェックする方法は、バランスの良い食事を考えるうえで便利です。でも「量」に関しては、めやすの数値に近づけるのは、なかなか大変です。料理のなかの食材がどのくらいの重さか？なんて、よくわからないですよね。そこで、もっと簡単に「何を」「どれくらい」摂ったらいいのか知るてだてとして考え出されたのが、「食事バランスガイド」です。

食事バランスガイド

これは、2005年、農林水産省と厚生労働省が決定した指標で、バランスの良い食事をするために、1日に「何を」「どれだけ」食べたらよいか、わかりやすく示したものです。(96～97ページ参照)

1日の料理を「主食」「副菜」「主菜」「牛乳・乳製品」「果物」に分けて考えます。

「主食」…炭水化物などを供給するごはん・パン・麺など

「副菜」…ビタミン・ミネラル・食物繊維などを供給する野菜・いも・豆類（大豆を除く）・きのこ・海藻などの料理

「主菜」…たんぱく質を供給する肉・魚・卵・大豆および大豆製品などの料理

「牛乳・乳製品」…カルシウムを供給する
「果物」…ビタミンC・カリウムなどを供給する果実、およびすいか・いちごなどの果実的野菜も含まれる

これら5つの区分のどれかが足りなくても、多過ぎてもバランスが悪くなり、コマ（次ページ参照）は倒れてしまいます。「水・お茶」は、充分摂る必要があるので、コマの軸になっています。コマの上には人が走っており、適度な運動が、コマの安定した回転に欠かせないことを表しています。

「食事バランスガイド」の良いところは、栄養素や食材ではなく、料理を基にして考えるところです。「野菜いため」に、にんじんとキャベツともやしとしいたけと、豚のこま切れ少々が入っていた場合、「6つの食品群」の考え方だと、1・3・4・6群の食材が使われているわけですが、ここでは「副菜2つ」分としてカウントしてしまいます。かなりおおざっぱですが、食事のバランスがとれているか、適量かどうか、だいたいわかります。何より簡単で、ちょっとやってみようと思えるところが一番ではないでしょうか。

ただここで問題なのは、この考え方だと脂質と塩分がわからないところです。脂質や塩分の摂り過ぎに気をつけたい人は、個別に注意しておきましょう。

同様に、摂取量も持病や妊娠・授乳期などその時々で調整が必要です。気になる栄養素については、各栄養素の指標に基づいて摂取して下さい。また、医師や管理栄養士の指導が必要な場合もあります。

食事バランスガイド

あなたの食事は大丈夫？

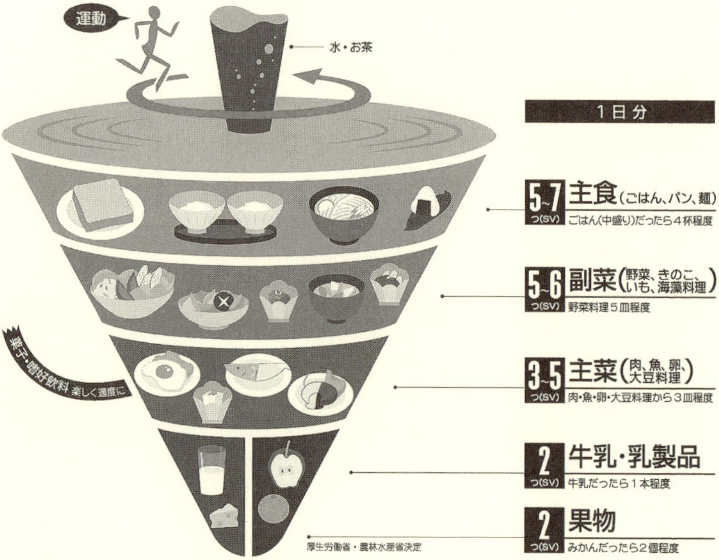

摂取量のめやす

単位:つ（SV）　SVとはサービング（食事の提供量）の略

男性	エネルギー（Kal）	主食	副菜	主菜	牛乳・乳製品	果物	女性
6〜9才 70才以上	1800 ±200	4〜5	5〜6	3〜4	2 2〜3	2	6〜9才 70才以上 10〜17才 18〜69才（※1活動量低い）
10〜11才 12〜17才 18〜69才（※1活動量低い）	2200 ±200 基本形	5〜7	5〜6	3〜5	2 ※2 2〜3	2	10〜17才 18〜69才（※1活動量ふつう以上）
12〜17才 18〜69才（※1活動量ふつう以上）	2600 ±200	7〜8	6〜7	4〜6	2〜3 ※2 4	2〜3	

※1　活動量の見方
「低い」：1日中座っていることがほとんど
「ふつう」：座り仕事が中心だが、歩行・軽いスポーツ等を5時間程度は行う
さらに強い運動や労働を行っている人は、適宜調整が必要です。

※2　学校給食を含めた子ども向けの摂取目安としては、成長期に特に必要なカルシウムを十分にとるためにも、少し幅をもたせて1日に2〜3つ（SV）、あるいは「基本形」よりもエネルギーが多い場合では、4つ（SV）程度までを目安にするのが適当と考えられます。

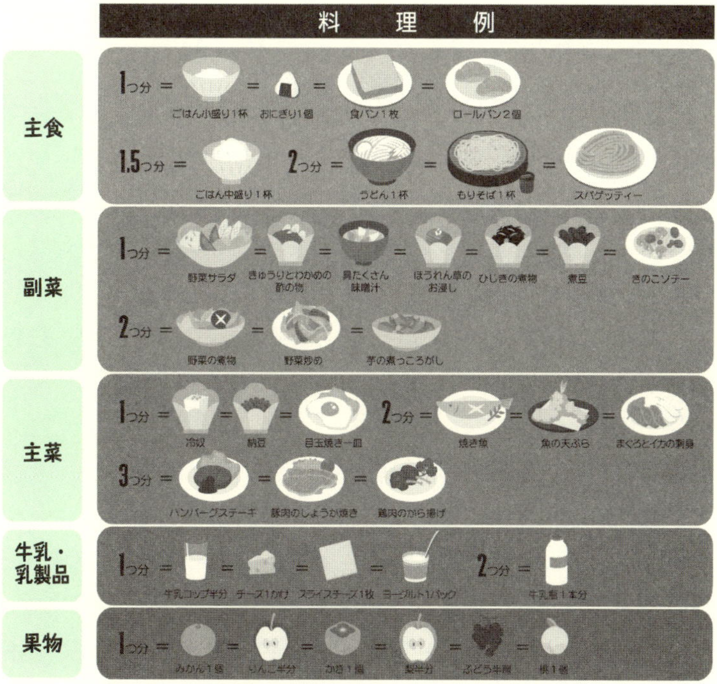

※SVとはサービング（食事の提供量の単位）の略

お菓子・し好飲料のめやす：1日200kcal＝せんべい3～4枚、ショートケーキ小１個、日本酒コップ１杯(200ml)、ビール缶１本半(500ml)など

※病院または管理栄養士から食事指導を受けている方は、その指導に従って下さい。

（農林水産庁・厚生労働省のHPでは、料理例がもっとたくさん掲載され、手軽なチェックシートや別の計算方法もあります。）
http://www.mhlw.go.jp/bunya/kenkou/eiyou-syokuji.html
http://www.maff.go.jp/j/balance_guide/index.html

16 バランスのとれた食事のために
こんなときにはこの栄養

毎日の食事は、からだの状態を大きく左右します。かたよった食事は病気の原因をつくり出すこともあります。病気になりにくくする栄養、病気を治す助けになる栄養を知って、薬だけに頼らない生活をめざしたいものです。でも病気が長引くときや、何かおかしいと感じたら医療機関を受診しましょう。

(以下に挙げた栄養成分や食品は代表的なもので、他にも有効な栄養はたくさんあります。)

疲れたとき(肉体疲労の場合)

＊クエン酸＊ 疲れのもとである乳酸を分解し、エネルギーを発生させます。おすすめ食品 酢、かんきつ類、梅干など。

＊ビタミンB１＊ 糖質がエネルギーに変わるとき必要です。糖質が分解されないと、乳酸などの疲労物質が蓄積されてしまいます。おすすめ食品 豚肉、うなぎのかば焼き、そば、玄米など。

＊アリシン＊ ビタミンB１のはたらきを助けます。

おすすめ食品 にんにくで摂るのが一番。他ににら、ねぎなど。

イライラやストレスを感じるとき

＊カルシウム＊ 神経に作用してイラ立ちを静めます。

おすすめ食品 干しえび、乳製品、いわしの丸干し、生揚げなど。

＊ビタミンB群＊ 神経の伝達をスムーズにします。

おすすめ食品 豚・牛・鶏レバー、豚肉、貝類、かつおなど。

＊ビタミンD＊　カルシウムの吸収を助けます。
おすすめ食品　紅ざけ、まいわし、かつお、さんま、しらす干し、きくらげ、干ししいたけなど。
＊トリプトファン＊　神経伝達物質であるセロトニンをつくり、精神安定や催眠効果があります。おすすめ食品　バナナ、牛乳、乳製品、大豆製品など。

これらは不眠の場合にも効果があります。眠れないときは早めに夕食を摂り、胃腸に負担をかけないことが大切ですが、小腹がすいて眠れないこともありますよね。そんなときは牛乳がお勧めです。牛乳にはカゼインやトリプトファンが含まれていて催眠効果があるからです。

便秘のとき

＊食物繊維＊　一口に食物繊維といっても、水に溶けない不溶性と、水に溶ける水溶性があり、それぞれ特徴があります。症状に合わせて使い分けましょう。

不溶性食物繊維を摂ると便の量が増えるので、腸を刺激し、腸のぜん動運動を活発にします。おすすめ食品　いも類、ごぼう、たけのこ、豆類、オートミールなど。

水溶性食物繊維は腸内の有益菌を増やします。
おすすめ食品　こんにゃく、寒天、りんごなど。
＊ビフィズス菌＊　乳酸菌の一種。善玉菌として腸のはたらきを整えます。おすすめ食品　ビフィズス菌入りヨーグルト、乳酸菌飲料など。

便秘には、おもに、大腸の運動が低下する「弛緩性便秘」とストレスから大腸の緊張が高まりけいれんを起こす「けいれん性便秘」があります。弛緩性便秘は上記の食品のほか、規則正しい食事や運動、排便をガマンしないでトイレタイムをつくることなどが有効です。けいれん性便秘の場合は、不溶性食物繊維や冷たい飲み物は刺激が強すぎるので避け、消化の良いものや水溶性食物繊維を摂りましょう。

下痢のとき

＊ビフィズス菌＊　腸のはたらきを整えます。

おすすめ食品　ビフィズス菌入りヨーグルト、乳酸菌飲料など。

りんごのおろし汁はペクチンが腸壁を保護するので、下痢にも便秘にも有効です。

下痢のときは不溶性食物繊維や冷たいものは避け、消化の良いものでたんぱく質やビタミン、ミネラルなどの栄養を摂りましょう。ふだんより脱水状態になりやすいので、温かいスープやみそ汁などで水分や塩分を補給することが大切です。慢性の下痢のときは腸の病気の可能性もあります。急性の下痢にはノロウイルスなどのウイルス感染や食中毒も考えられます。症状がひどい場合は医療機関を受診しましょう。

かぜ予防・かぜの諸症状がでたとき

＊ビタミンC＊　免疫力をアップし、ウィルスを撃退するはたらきがあります。おすすめ食品　赤ピーマン、芽キャベツ、ア

セロラ、グァバ、柿など。

＊レクチン＊　免疫機能を高め、ウィルスや細菌の増殖を防ぎます。 おすすめ食品　豆類、じゃがいもなど。

＊ビタミンA＊　栄養の吸収を高め、粘膜を強くします。

おすすめ食品　鶏・豚レバー、うなぎのかば焼き、銀だら、モロヘイヤなど。

　この他、しょうがやねぎには発汗、殺菌作用があります。また、かぜのときは胃腸のはたらきも弱まっているので、消化の良いものを摂りましょう。

口内炎ができたとき

＊ビタミンB群＊　口内炎の原因のひとつはビタミンBの不足です。とくにB_2、B_6、ナイアシン（これもビタミンBの一種）の不足に気をつけましょう。 おすすめ食品　豚・牛・鶏レバー、牛乳、かつお、まぐろ、たらこなど。

＊ビタミンA＊　口の中の粘膜を正常にし、細菌の感染を防ぎます。 おすすめ食品　鶏・豚レバー、うなぎのかば焼き、銀だら、モロヘイヤ、にんじん、かぼちゃなど。

　口内炎は、うがい薬などで口の中を清潔にすると治りがはやくなります。

花粉症の症状をやわらげる

＊ビタミンB_6＊　免疫機能を正常に維持するはたらきをします。 おすすめ食品　かつお、まぐろ、さけ、牛（赤肉）など。

＊ビフィズス菌＊　乳酸菌の一種。ビタミンB群を合成するはたらきがあります。おすすめ食品　ビフィズス菌入りのヨーグルト、乳酸菌飲料など。

＊ビタミンC＊　炎症やかゆみを抑えます。おすすめ食品　赤ピーマン、芽キャベツ、柿など。

＊EPA（エイコサペンタエン酸）DHA（ドコサヘキサエン酸）＊

どちらも魚の脂肪に含まれていて、消炎作用があります。

おすすめ食品　まぐろ、はまち、さば、さんまなど。

＊α（アルファ）-リノレン酸＊　体内では合成されず、食物から摂らなくてはならない必須脂肪酸のひとつです。代謝されてEPAやDHAに変わります。酸化しやすいので、加熱せずサラダなどに使用するといいでしょう。おすすめ食品　えごま油（しそ油）、なたね油、大豆油、くるみなど。

　これらの栄養は、アトピー性皮膚炎などのアレルギー症状にも効果が期待できます。

髪のトラブルを防ぐ

＊亜鉛＊　新しい細胞をつくったり、新陳代謝をうながします。おすすめ食品　かき、牛肉、豚レバーなど。

＊ビタミンB群＊　髪の毛の主成分であるイオウと結びついて、髪の健康を守るはたらきをします。また、ビタミンBの仲間であるパントテン酸は、ストレスへの抵抗力を高めます。

おすすめ食品　豚・牛・鶏レバー、子持ちかれい、納豆など。

骨粗しょう症を防ぐ

＊カルシウム＊　カルシウムはご存知のとおり、骨や歯をつくる栄養素です。欧米人に比べて乳製品の摂取量が少ない日本人にはとくに不足しがちな栄養素でもあります。若いうちから積極的に摂って骨量を蓄えておきましょう。おすすめ食品　干しえび、牛乳、乳製品、小魚、どじょう、小松菜など。

＊ビタミンD＊　カルシウムの吸収を助けます。

おすすめ食品　紅ざけ、さんま、まいわし、きくらげなど。

＊ビタミンK＊　カルシウムが骨から溶け出すのを防ぎます。おすすめ食品　納豆、モロヘイヤ、春菊、つるむらさき、あしたばなど。

＊マグネシウム＊　カルシウム、リンと共に骨をつくる栄養素になります。また、カルシウムの働きを調節するはたらきもあります。おすすめ食品　アーモンドなどのナッツ、海藻、大豆など。

上記の栄養を摂るほか、適度な運動もカルシウムが骨に定着するのを助け、骨密度をアップさせます。

気をつけたいのは、リンの摂り過ぎです。リンは摂り過ぎるとカルシウムの吸収のさまたげになります。カップラーメンや清涼飲料水に添加物として多く含まれるので注意しましょう。

高血圧を防ぐ

＊カリウム＊　細胞内の余分なナトリウムを尿とともに排泄するはたらきがあります。煮ると3割が流出してしまうので、サ

ラダやスープで摂ると良いでしょう。おすすめ食品　昆布、大豆、ほうれん草、小松菜、トマトジュース、アボカドなど。
＊食物繊維＊　便秘は血圧が上がる原因にもなるので、それを防ぎます。水溶性食物繊維のなかで、昆布やわかめのヌルヌルした部分に含まれるアルギン酸は、ナトリウムと結びついて体外に排出されるため、高血圧に有効です。おすすめ食品　昆布、わかめ、りんごなど。
＊カゼイン＊　牛乳に含まれるたんぱく質のうち、8割を占めるのがこのカゼイン。血圧の上昇を抑えます。
おすすめ食品　牛乳、乳製品など。
＊ルチン＊　植物に含まれる色素成分、フラボノイドの一種。血管を強くし、血圧を下げる作用があります。そばに多く含まれますが、ゆでたときお湯に溶け出してしまうので、そば湯を飲むのが良いでしょう。おすすめ食品　そば湯、トマト、アスパラガスなど。
＊マグネシウム＊　血管を広げ、血圧を下げる作用があります。マグネシウムとカルシウムは1対2〜1対3でバランスをとっています。マグネシウムが不足すると動脈が収縮して血圧が上がります。マグネシウムを充分に摂ると血管を広げ血圧を下げます。カルシウムを多く摂る場合にはマグネシウムも充分に摂りましょう。おすすめ食品　アーモンドなどのナッツ、海藻、大豆など。

がんを防ぐ

日本人の死因は、80年代から「がん」が1位になりましたが、これは食生活の変化がかかわっていると考えられます。下の図は、アメリカ国立がん研究所が作成した、がんの予防効果が期待できる植物性食品を示したもので、デザイナーフーズ・ピラミッドと呼ばれています。約40種類の植物性食品を3つのグループに分け、上に行くほど効果が大きいとされます。このほかに、ビタミンDがたっぷり含まれる干ししいたけやきくらげなどのきのこ類も有効です。なお、効果が期待できるからといって同じ食品ばかり摂るのは栄養がかたよるのでやめましょう。

デザイナーフーズ・ピラミッド

がん予防効果が期待できる約40種類の食品

1990年、アメリカ国立がん研究所を中心として、「デザイナーフーズ・プログラム」計画がスタートしました。

「デザイナーフーズ・プログラム」では、植物性の食品とガン予防を科学的に解明することを目的とし、過去約10年間にがん予防効果を示唆する報告が得られている約40種類の食品をピックアップし、ガン予防に効果が高いといわれる食品を頂点としてピラミッドで示されています。

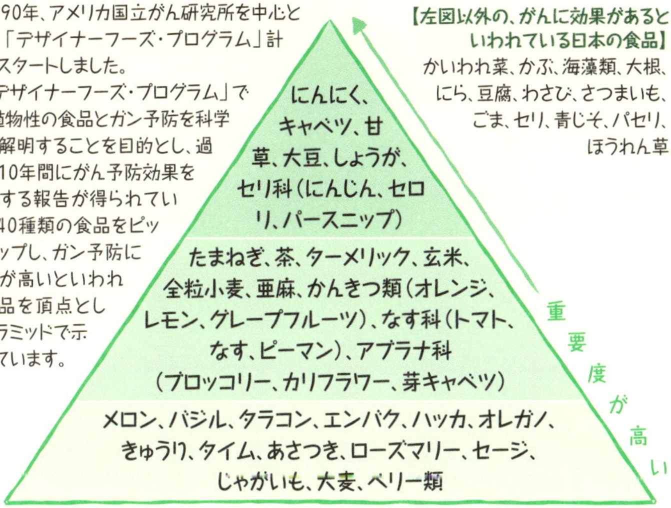

【左図以外の、がんに効果があるといわれている日本の食品】
かいわれ菜、かぶ、海藻類、大根、にら、豆腐、わさび、さつまいも、ごま、セリ、青じそ、パセリ、ほうれん草

ここがコツ!

動物性脂肪、塩分を控え、緑黄色野菜や大豆製品を意識して摂ろう！
いろいろな食品を食べよう！

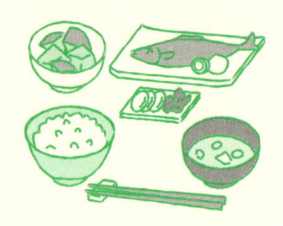

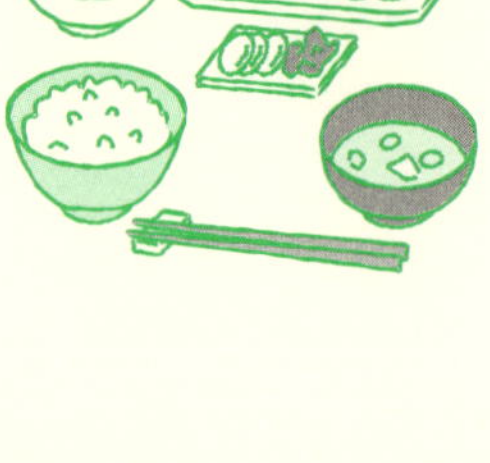

第2章

衣——きちっと清潔に

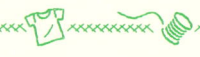

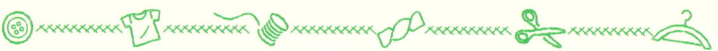

17 手入れは自分で まず、洗濯マークを見よう

服の手入れを上手にするには、まず、衣類の表示をきちんと見ておくことが大切です。生地の種類はもちろん、リボンや刺繍など、デザインによっても衣類の取り扱いは変わってきます。その服をどう扱ったらいいかは、洗濯マークで示されています。マークの意味を正しく知って、洗濯上手になりましょう。

＊洗い方＊

	洗濯機で洗濯できる。 洗濯水の温度は40℃まで。	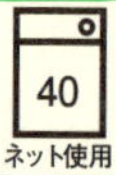	洗濯ネットを使って、洗濯機で洗濯できる。 洗濯水の温度は40℃まで。
	洗濯機の弱水流か、弱い手洗いで洗濯できる。 洗濯水の温度は40℃まで。		弱い手洗いで洗う。 （洗濯機は使用できない） 洗濯水の温度は30℃まで。
	洗濯機の弱水流か、弱い手洗いで洗濯できる。 洗濯水の温度は30℃まで。中性洗剤を使うこと。		水洗いはできない。

＊しぼり方＊

	洗濯機の脱水は短時間で。 手しぼりは弱く。		洗濯機の脱水も手しぼりもできない。

＊塩素系漂白剤＊

	塩素系漂白剤が使える。		塩素系漂白剤が使えない。

＊干し方＊

	ハンガーなどで吊って干す。		平たく広げて干す。
	日陰で、ハンガーなどで吊って干す。		日陰で、平たく広げて干す。

＊アイロンのかけ方＊

	アイロンは高温（180〜210℃）でかける。210℃が限度。		アイロンはあて布をして、高温（180〜210℃）で、かける。210℃が限度。
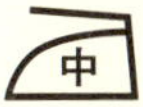	アイロンは中温（140〜160℃）でかける。160℃が限度。		アイロンをかけてはいけない。
	アイロンは低温（80〜120℃）でかける。120℃が限度。		

＊ドライクリーニング＊

	ドライクリーニングができる。		ドライクリーニングはできない。
	石油系の溶剤を使った、ドライクリーニングができる。		

※手洗い表示であっても、洗濯機の弱水流や「手洗いコース」『ウールコース」などで洗えるものもあります。
※水洗いができない表示であっても、中性洗剤で洗えるものもあります。
※ドライクリーニングの表示は、ドライクリーニングができるという意味で、ドライクリーニングでなくてはダメという意味ではありません。

手入れは自分で
18 洗剤の種類を知って、使い分けよう

洗剤は、服の素材によっては使えないものがあります。衣類にダメージを与えないためにも、洗剤の種類や特性を知って、適切なものを使いましょう。

洗剤

＊弱アルカリ性洗剤＊

いわゆる合成洗剤。洗浄力が強く、主に綿や麻に適しており、通常の洗濯によく使われています。蛍光剤入りのものは、生成りや淡い色の生地に使うと白っぽくなり過ぎてしまうので、避けた方が良いでしょう。液体と粉のタイプがあり、部分洗い用のスティック式やスプレー式もあります。

＊洗濯せっけん＊

合成洗剤に比べて刺激が少ないので、せっけんを使う人も多くいます。液体と粉、固形のタイプがあり、固形は、靴下やがんこな汚れを落とすときに便利です。粉のタイプは冷たい水に溶けにくいので、お風呂の残り湯を使うか、少量のぬるま湯に溶かして使うと良いでしょう。

＊中性洗剤＊

弱アルカリ性洗剤に比べると、やや洗浄力は劣りますが、デリケートな素材の風合いを保ち、縮みを防ぎます。おしゃれ着や、アルカリ性洗剤に弱い、ウールやシルク、アセテートなどに使われます。

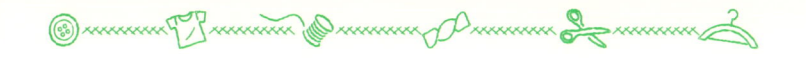

漂白剤

＊塩素系漂白剤＊

白物専用です。漂白力が強いので、シミ抜きに適しています。色柄ものや、ウール、シルク、ナイロン、ポリウレタンなどや、洗濯マークで「エンソサラシ×」とあったら使えません（108ページ参照）。また、手あれしやすいので、素手では触らず、必ず手袋をします。酸性のものと混ざると有毒な塩素ガスが発生し、危険です。説明書きをよく読んで使用しましょう。

＊酸素系漂白剤＊

白い素材だけでなく、色柄ものにも使えますが、金属ボタンが付いているものは避けましょう。大切な衣類の場合は、目立たない部分に使ってテストしてみてから使うことをお勧めします。

＊還元型漂白剤＊

白い素材専用。鉄分や赤土の汚れ、血液の汚れに効果的です。

柔軟剤

すすぎのときに使用します。衣類の仕上がりをふっくら柔らかくし、静電気を防止します。また、色あせ防止、抗菌、イヤな臭いを防ぐ製品もあります。

洗濯糊

衣類にパリッと張りを与え、汚れを付きにくくします。洗濯機の場合は、すすぎの最後に加え、数回回転させて糊剤を行き

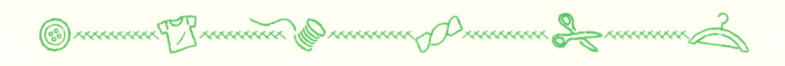

渡らせます。

スプレータイプの糊は、アイロンがけのときに使います。えりやそでなど部分的に使うときに便利です。

柔軟剤と洗濯糊をいっしょに使うと、しなやかで張りがある仕上がりになります。基本的には柔軟剤は通常通り、糊は半分の量で使います。素材に合わせて調節しましょう。

ここがコツ!

粉せっけんは溶かして使おう。
塩素系漂白剤は取り扱いに注意しよう。

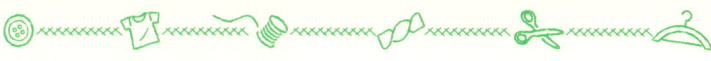

手入れは自分で
19 上手な洗濯のポイント

洗濯は洗濯機があるし、家事の中では簡単な分野と思っていませんか？でも実際は、色が他の洗濯物に移ってしまったり、縮んでしまったり…と、意外に失敗が多いんです。大切な服を台無しにしないためにも、またお気に入りの服は、おろしたての風合いのまま長く着るために、洗濯のコツをお教えします。

まず、ポケットの中身をチェックしよう

ポケットにティッシュが１枚入っていただけでも、ちりぢりに細かくなって、洗濯物全体に付着して大変なことに！ポケットの中身はしっかり確認して、中身を出しましょう。

洗濯物を分類しよう

1 洗濯機で洗うものと、手洗いを分けます。

2 白いものと色柄ものを分けます。色もので初めて洗うときや色落ちしやすいものは、それだけで洗いましょう。

3 汚れのひどいものを分けます。

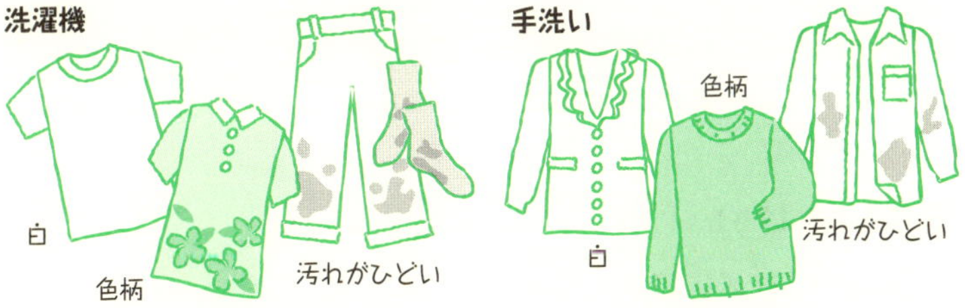

汚れのひどいものの下洗い

洗濯機洗いでも手洗いでも、汚れのひどい部分は、先に洗っておきます。

靴下は、固形せっけんを塗り付け、ゴシゴシともみ洗いします。シャツのえりや袖口は、固形せっけんを塗り付けたり、洗剤を古い歯ブラシに付け、けば立たないようにこすります。シミはなるべく取っておきます（123ページ参照）。

臭いのひどいものは、重曹の粉をまんべんなく振りかけて半日〜数日置いておくと臭いが取れます。

おしゃれ着の場合は、中性洗剤を汚れた部分に付けて、たたき洗いやつまみ洗いをします。たらいか洗面器に中性洗剤を入れた洗濯液を作り、洗濯物を入れてしばらく浸けておいても良いでしょう。

洗濯機に入れる前に

ファスナーやホックは、他の布地を傷めたりするので、閉めておくこと。

型崩れやけば立ちが心配なものは洗濯ネットに入れます。刺繡やレースなどの飾りがあるものは、裏返してたたんでから洗濯ネットに入れて洗います。

手洗いの仕方

手洗いの基本は次のとおりですが、洗い方は、素材によって、ウールやフリースなら押し洗い、アセテート、レーヨンなど薄地のものは振り洗いで、やさしく洗います。

1 たらいか洗面器に中性洗剤を溶かして、洗濯液を作ります。水の温度は表示に従いますが、だいたい30℃くらいのぬるま湯です。熱いと縮んでしまうものがあるので注意しましょう。

2 汚れている部分を外側にしてたたみ、洗濯液に浸けて、ソフトに洗います。

3 たたんだまま、洗濯ネットに入れ、15〜30秒脱水します。

4 たらいか洗面器に、水またはぬるま湯を入れます。洗濯ネットから出し、たたんだまま、やさしく洗いながら2回ほどすすぎます。最後に柔軟剤を入れた水に浸します。

5 再び洗濯ネットにたたんで入れて、15〜30秒脱水します。

※中性洗剤のほかに、ウールやシルクが洗える「せっけん」もあります。

手洗い表示でも洗濯機で洗える場合も

手洗い表示でも、洗濯ネットに入れて、洗濯機の「手洗いコース」や「ウールコース」、弱水流で、中性洗剤など、ウール・おしゃれ着用の洗剤を使えば、洗うことができるものがたくさんあります。大切にしている服は手洗いの方が無難ですが、頻繁に着ているもの、ランジェリーなどは、洗濯機洗いが便利ですね。

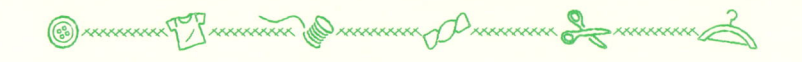

水洗いできない表示でも洗えるものは？

芯地を多用していない、縮みや色落ちの心配がない、凝った刺繍や飾りがない、プリーツ加工やしわ加工などがない、ビロードなどの起毛がない、アイロンがけが簡単などの条件が揃えば、中性洗剤やドライマーク用洗剤を使って洗えます。洗剤の取り扱い表示を確認しましょう。シルクやレーヨン、和装品はクリーニングに出した方が無難です。

ここがコツ!
洗濯機に入れる前の準備が大切。
水温に気をつけよう。熱いと縮みの原因に。

手入れは自分で

20 干し方の工夫

最近の住宅事情では、物干し場は狭くて困る場合が多いのではないでしょうか。梅雨の時季や、夜の洗濯など、部屋の中に干すことも多く、干すのにはそれなりの工夫が必要です。
あとのアイロンの手間を省き、型崩れを防ぐためにも、干し方を工夫しましょう。

形を整えて

脱水が終わったら、すぐ干します。脱水機に入れたまま放っておくとしわになりやすく、洗濯機のカビの原因にもなります。脱水のし過ぎはしわの元になるので気をつけましょう。

シーツやバスタオル、ジーンズなどは、たたんで手のひらでパンパンとたたいてから広げ、生地を軽く引っ張って伸ばします。
シャツやブラウスは、振りさばき、えりや袖口、前立てを引っ張って伸ばしてハンガーにかけます。えりを整えてボタンを留めます。

ポケットのあるズボンや裏地のあるスカートは、ポケットや裏地が乾きにくいので、裏返して干します。

直射日光で日に焼けることがあるので、色が濃いもの、白いものは裏返して干しましょう。

水分は下にさがっていくので、厚地の部分や靴下のゴムは、上にして干します。

技ありの干し方

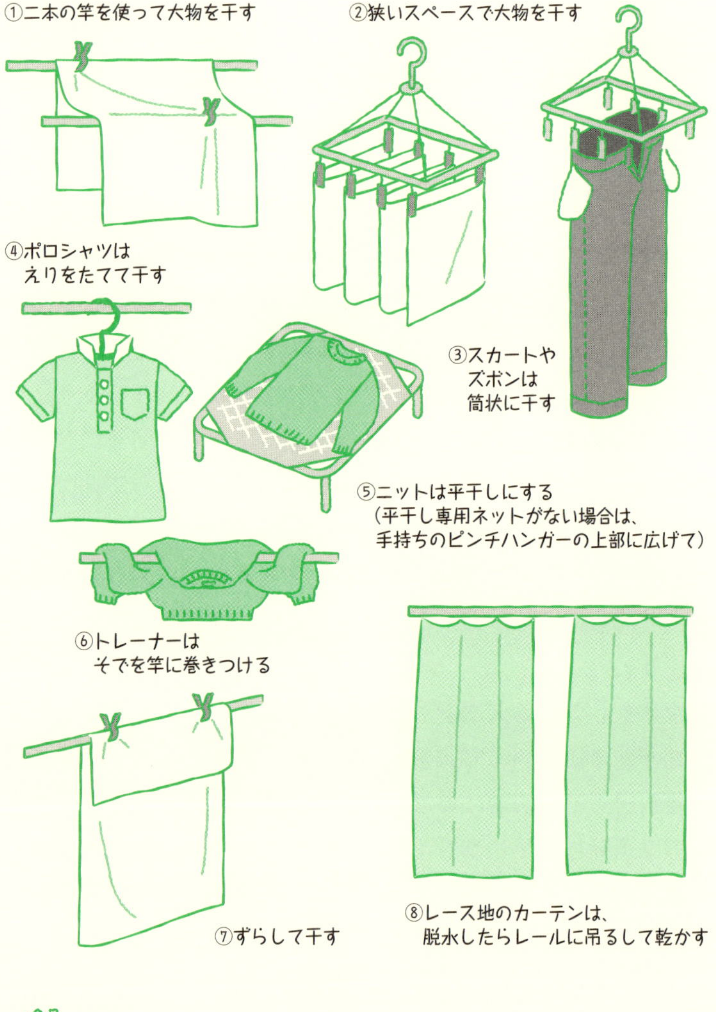
①二本の竿を使って大物を干す
②狭いスペースで大物を干す
③スカートや
ズボンは
筒状に干す
④ポロシャツは
えりをたてて干す
⑤ニットは平干しにする
（平干し専用ネットがない場合は、
手持ちのピンチハンガーの上部に広げて）
⑥トレーナーは
そでを竿に巻きつける
⑦ずらして干す
⑧レース地のカーテンは、
脱水したらレールに吊るして乾かす

部屋干しのテクニック

部屋干しで何と言っても困るのは、洗濯物にイヤな臭いがつくことと、なかなか乾かないことです。早く乾かないから洗濯物に雑菌が繁殖して臭いの原因になるので、とにかく早く乾かすことが大事です。

では、早く乾かすには

1 **タオルで水分を取る**　乾いたバスタオルで洗濯物を包みこみ、なるべく水分を取ってから干すと、乾きがだいぶ違います。

2 **アイロンをかけてから干す**　先にアイロンをかけてしまうことによって、しわも伸び、乾きも早くなります。シャツやブラウスなどが適しています。

3 **間隔をあけて干す**　ぎっしり干さず、すき間をつくって風を通りやすくします。

4 **エアコンの除湿や送風を使う**　なるべくエアコンの風がよく当たるところに干しましょう。タイマーをセットすれば、就寝中や外出時に便利です。

5 **扇風機の風を当てる**　エアコンを使う場合は、ちょうど風が当たるところに洗濯物を吊るすのが大変です。扇風機なら首振り機能で広範囲に風を当てることができ、簡単で経済的です。除湿機やエアコンを併用すれば、電気代はかかりますが、効果は倍増します。

6 **除湿機を使う**　部屋干し機能の付いた製品も出ています。

7 **換気扇を使う**　部屋に湿気がこもらないようにします。

8 アイロンで仕上げ　今一歩乾いていないときは、アイロンをかけます。殺菌にもなり、一石二鳥です。

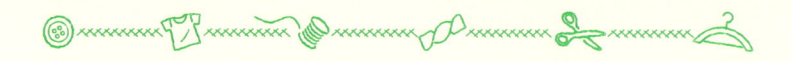

ここがコツ！　**ゆったり干して送風・除湿を！**

21 手入れは自分で
アイロンがけのきほん

アイロンがけは、家事の中で最も人気のない仕事のひとつです。おっくうでついついためてしまいがち。

ここではシャツのアイロンがけをとり上げました。ぜひ挑戦してアイロンがけのコツをつかんで下さい。

シャツ

アイロンをかける前に、シャツ全体に霧吹きをし、たたんで5分ほど置いておく。

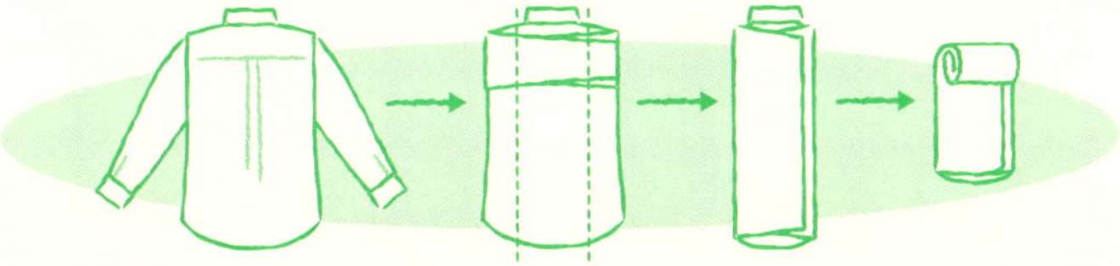

1えり

まず裏から。片方の端を引っ張りながら、左右から中央に向かってかける。左からかけるときは、アイロンを左手に持ち替える。表も同様にかける。

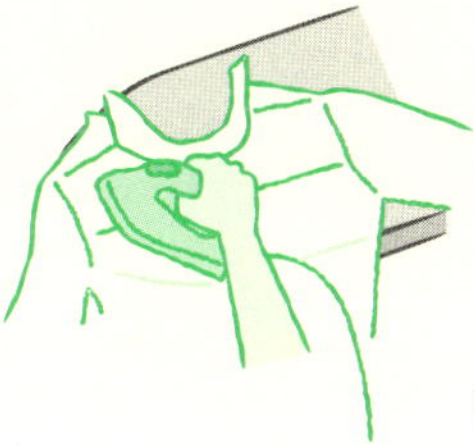

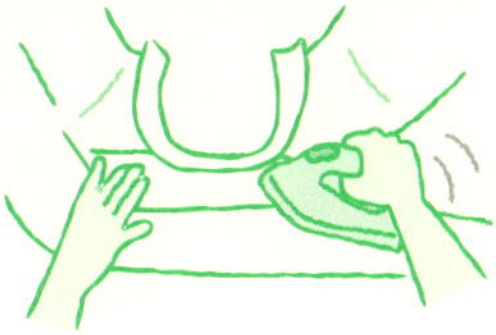

2肩(ヨーク)

足付きアイロン台では、片方ずつ、肩をアイロン台の角にかけてかける。平台ではヨークの切り替えの10cm位下で折り、肩の部分をかける。えりを立て、えりの際もかける。

3 カフス裏
袖口を開き、裏からかける。端から中央に向かって、かける。

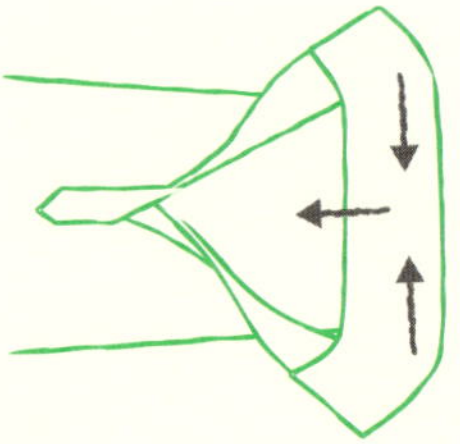

4 カフス表
二つ折りにし、15cm程かける。タックの部分を整え、押さえるるようにしてかける。

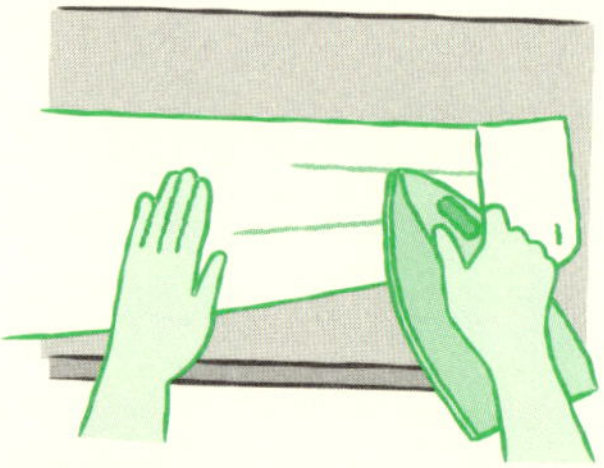

5 袖
袖下の縫い目をきっちり折って、そこから袖全体をかける。

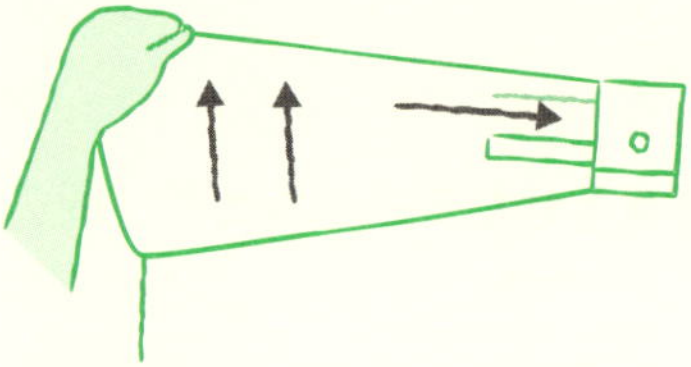

6 右前身頃
脇の縫い目を引っ張りながらかける。ボタンの間はアイロンの先を入れてかける。

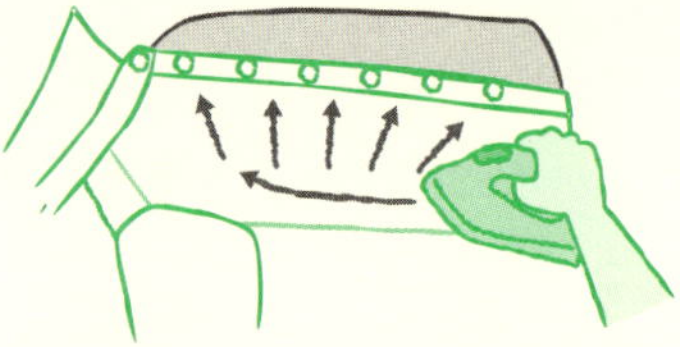

7 後ろ身頃
全体をかける。タックの部分がかけにくい場合は裏からかけてもよい。

8 左前身頃
前立てはひっぱりながら、ポケットは端から中央へかける。次に全体をかける。

ここがコツ!

手アイロンで生地を充分のばしてからかける。
縫い目を引っ張りながらかける。
一方方向にかける。往復しない。

手入れは自分で

22 いざというときのシミ抜き

お気に入りの服にシミがついてしまうほど、悲しいことはありません。シミは何と言っても、早めの処置が大事です。シミの種類にあった適切な方法を知っておきましょう。

外出先でシミを付けたときの応急処置

1 すぐにハンカチやティッシュペーパーなどで押さえ、水分を吸い取り、それ以上広がらないようにします。粘り気のあるものは、上からつまみ取ります。

2 次に水溶性のシミ(しょうゆ、ジュースなど)の場合は、布地の下にハンカチなどをあて、水を含ませたティッシュで、周辺から中心に向かってシミをたたき、下のハンカチなどにシミを移し取ります。

口紅などの油性のシミは、最初に水を使うと落ちにくくなるので、家に帰ってから処置します。

シミは決してこすらないことが肝心です。布地に汚れが染み込んでしまいます。

家に帰ってからの処置

＊水に溶ける（水溶性）のシミの場合＊

しょうゆ、ソース、ケチャップなど

1 歯ブラシか綿棒を5本くらい束にしたものに水を付け、たたいて下の布

にシミを移し取ります。

2 落ちない場合は、中性洗剤を10倍くらいに薄めて同様にたたきます。綿や麻なら原液も使えます。

3 水をつけた歯ブラシでたたいて洗剤をすすぎます。

4 シミのまわりにも霧吹きし、タオルでたたいてぼかします。

2でも落ちないときは、漂白剤に浸けて落とします。

＊油に溶ける（油性）のシミの場合＊

口紅、ファンデーション、クレヨンなど

下に布をあて、ベンジンを付けた歯ブラシでたたきます。取れなかったら中性洗剤を用います。水でたたきすすぎます。

血液や牛乳などたんぱく質を含むシミ

熱を加えると固まって取れにくくなるので、必ず水を使います。

水でたたいてから洗剤でたたきます。取れなかったら漂白剤を用います。

＊何のシミだかわからない場合＊

シミの原因がわからないときは、まず、油性のシミの処置を試し、ダメだったら水性の処置をします。

大切にしている衣類は、応急処置だけして無理をせず、すぐにクリーニングのシミ抜きに出しましょう。

ここがコツ!

とにかく早くシミ抜きをする。
こするのは厳禁！必ずたたく、
周辺から中心に向かってたたく。
血液、牛乳、肉汁などたんぱく質を含むシミはお湯を使わないこと。

手入れは自分で

23 クリーニングに出さずにしまう方法

オーバーやジャケットなど、2、3回しか着ていないのにシーズンが終わってしまって、クリーニングに出すのもなんだかもったいない、という経験はありませんか？汚れがさほど気にならない程度だったら、自分でお手入れして、クリーニング代を節約しちゃいましょう。

1 **ほこりをたたく**　えり、袖、前身頃、後ろ身頃の順で、ふとんたたきなどで、やさしくほこりをたたき出します。

2 **ポケットのゴミを取り除く**　ポケットの袋布を取り出し、中のほこりやゴミを、古歯ブラシなどでこすり取ります。

3 **ブラシをかける**　洋服用のブラシで、上から下に向かってブラッシングします。縫い目やズボンのすそはていねいに。

4 **ベンジンでふく**　肌に直接触れて汚れが付きやすい、えり、袖口、ポケットの口などをふきます。ベンジンは、ガーゼやさらしにふくませて使います。

5 **中性洗剤でふく**　30℃くらいのぬるま湯に中性洗剤を溶かし、固く絞ったタオルで服全体をたたくようにしてふきます。

6 **吊るしておく**　湿気をとばすために、風通しの良いところに30分ほど吊るしておきます。

7 **スチームアイロンをかける**　あて布をしてアイロンをかけ、形を整えます。

裁縫の基礎の基礎

24 縫い方のきほん

裁縫は苦手でも、最低限できなければならないことがあります。小学校の家庭科で教わっているはずですが…ここで、一からおさらいしておきましょう。（図は全て右利きの場合です）

裁縫の心構え

針仕事のときは、作業のはじめと終わりに針やまち針の数をかぞえ、なくなっていないか確認します。また使っていない針は、針山に刺しておきます。これらは、針を扱う心構えとしてはきほん中のきほん！常に心がけておきましょう。

針に糸を通す

糸の先を斜めに切り、ちょっとなめてとがらせると、針の穴に通しやすくなります。糸の長さは、長過ぎるとからまることがあるので、60cmくらいにします。

玉結びをつくる

1 糸の端の方を、人指し指に1回巻きつけます。

2 糸を親指で押さえ、人差し指を下にずらしながら

3 輪になっている糸をねじります。

4 より合わされた輪の上の方を、親指と中指で押さえ

5 下に引くと玉ができます。

※玉結びは、なるべく糸の端に作ります。玉結びの先に糸が長

く残ってしまったら、3mmくらい残し、切っておきます。

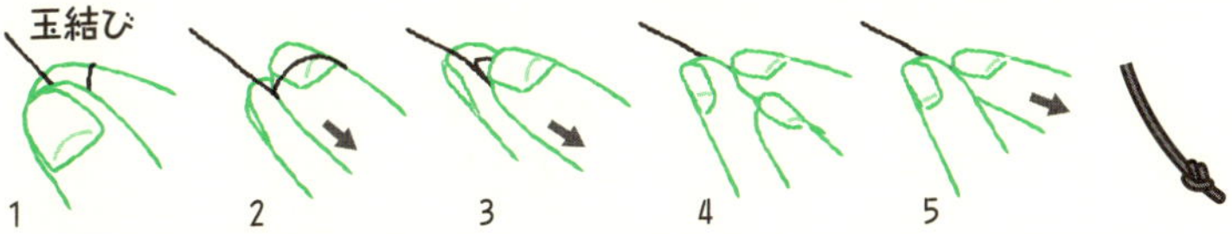

並縫いをする

　並縫いは、表と裏の針目が同じで、しつけやぞうきんを縫うときなどに用いられます。針目はふつう3～4mmです。

並縫い

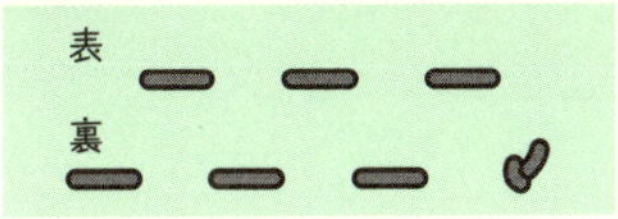

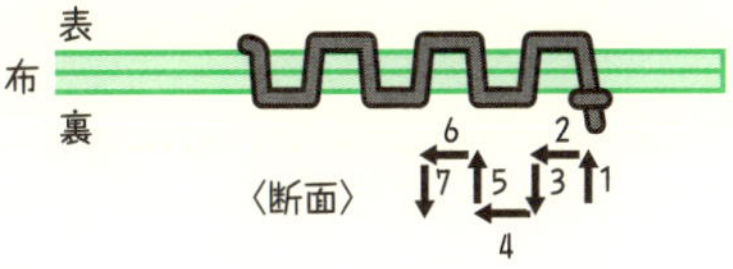

玉止めをつくる

1 縫い終わりのところに針をあて、親指で押さえます。

2 針に糸を2、3回巻きつけます。

3 巻いたところを親指と人差し指で押さえ、針を引き抜きます。

4 玉止めの先に5mmほど糸を残し、切ります。または、前に戻って、もう一度布をすくい、糸を切ると、玉止めが取れにくくなります。

玉止め

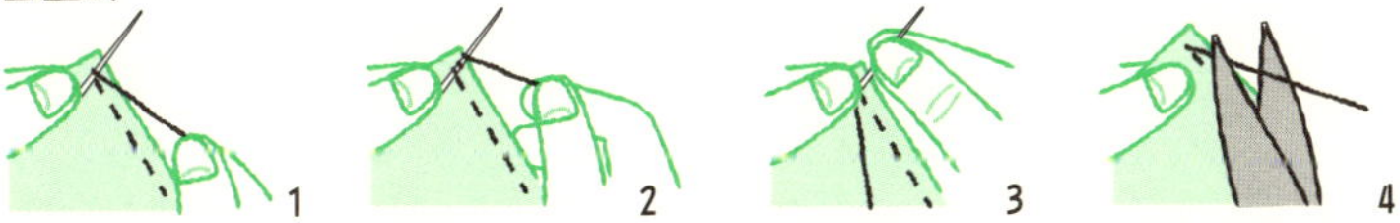

裁縫の基礎の基礎

25 ボタンを付ける

ボタンの取れた服を着ていると、それだけでとってもみすぼらしく見えるもの。ボタン付けは意外と簡単です。ぜひ覚えておきましょう。（図は全て右利きの場合です）

ボタン付けの糸　糸は元々使われていた糸に近い色を使います。なければ、布地に近い色を使いましょう。

コートやジャケットなど厚地の場合は、太めのボタン付け糸を使います。

二つ穴ボタンの付け方

糸は2本取りで。（薄い布や小さいボタンは1本取り）

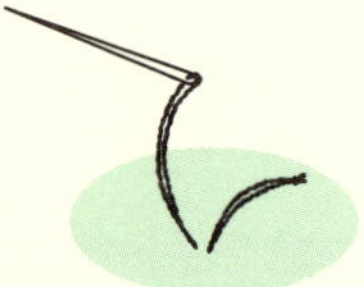

1. ボタンを付けたい位置に表から針を通し、穴の幅よりややせまい分だけ布地をすくう。

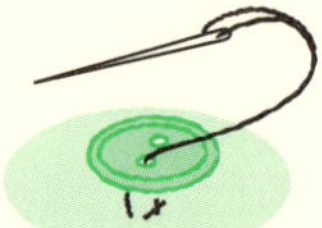

2. ボタンの穴へ糸を通す

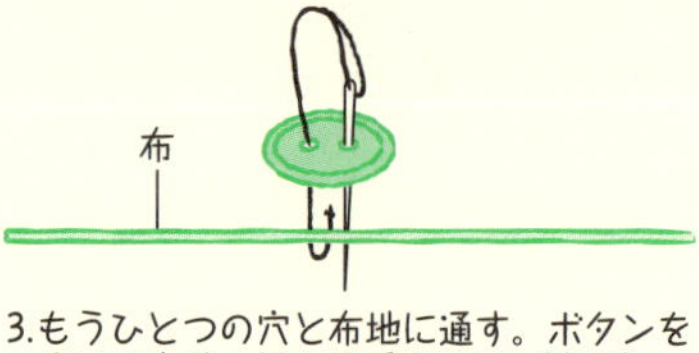

3.もうひとつの穴と布地に通す。ボタンをかける布地の厚み分浮かせる。（糸足）

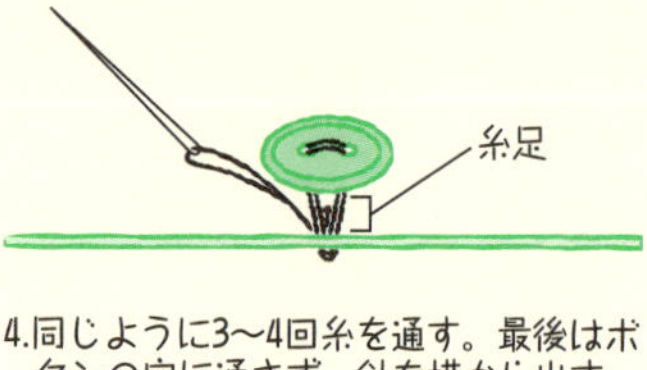

4.同じように3〜4回糸を通す。最後はボタンの穴に通さず、針を横から出す。

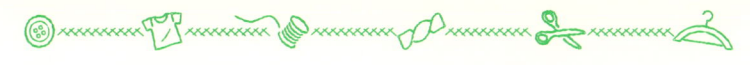

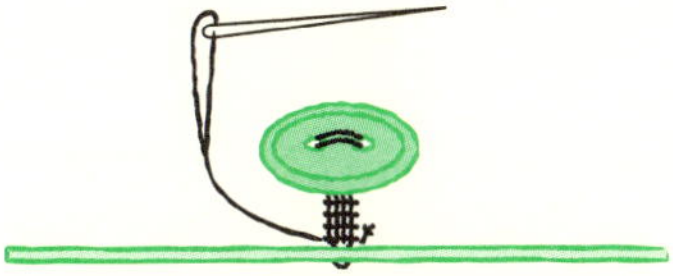

5.糸を糸足に、上から3〜4回きっちりと巻きつけ、ボタンが立つようにする。

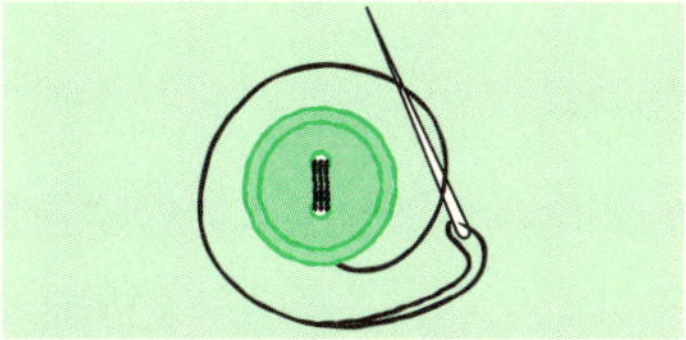

6.最後の糸の輪に針を通し、キュッと引き絞り、巻いた糸がゆるまないようにする。

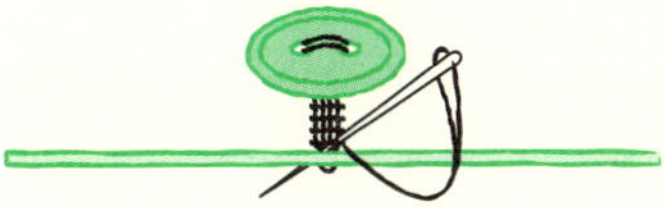

7. 布の裏に糸を出し、玉止めをする。

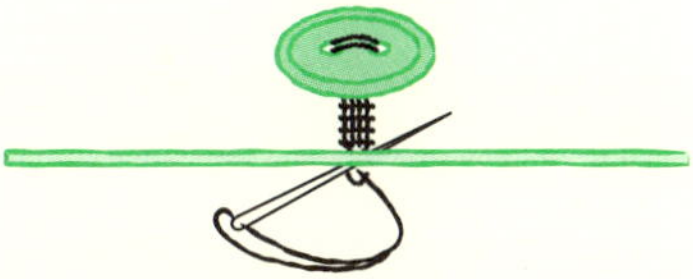

8. 布の表に糸を出し、切る。

四つ穴ボタンの付け方

付け方は基本的に二つ穴ボタンと同じです。穴への通し方は、平行や十字などがあります。平行の方が丈夫なので、多く用いられています。

平行の場合は、片方の穴に2回通してから、もう片方の穴も2回通し、全部の糸をまとめて糸足をつくります。

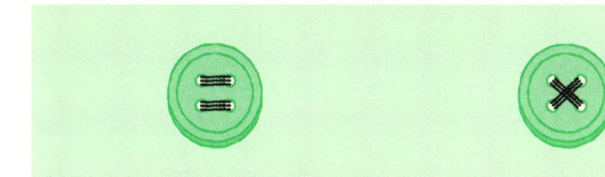

スナップの付け方

糸は1本取りです。上前側の布に凸形を、下の布に凹形を付けます。表に糸が出ないようにしたいときは、布は1枚だけすくってとめていきます。

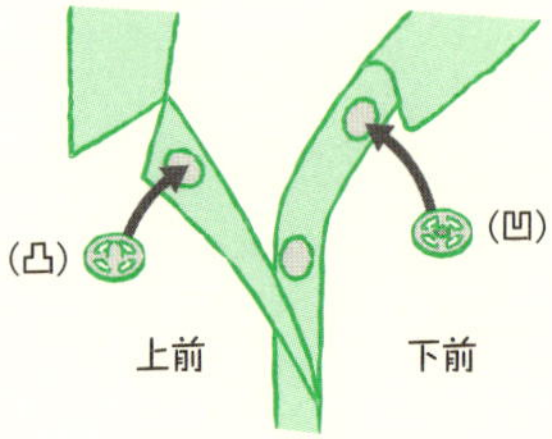

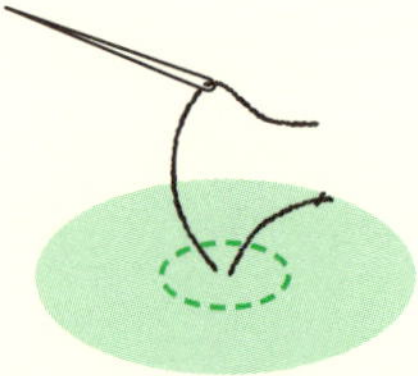

1. スナップを付けたい位置に表側から針を入れ、布を2mmほどすくう。

2. スナップの穴に糸を通す

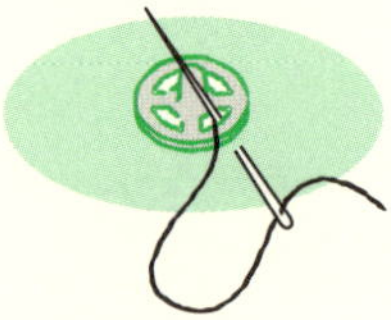

3. 穴の外側のきわから穴の中に針を出す。

4. 糸を引き、できた輪に下から針ををくぐらせる。引き絞ると、スナップのふちに結び目ができる。

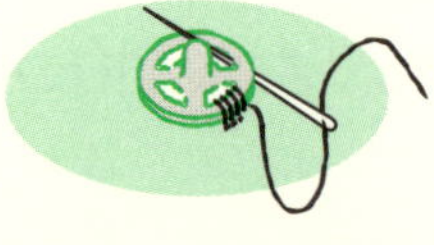

5. これを3～4回繰り返す。1つの穴が終わったら、スナップの下に針を刺し、布をすくって隣の穴から針を出す。

6. 全ての穴に糸を通したら、最後の穴の外側のきわに玉止めをつくる。

7. 布はすくわず、スナップの裏を通って反対側に糸を出し、玉止めをスナップの下に引き込むように引っ張り糸を切る。

8. 下前側に凸形を押し付けて位置を決め、凹形を同様にして付ける。

かぎホックの付け方

糸は1本取りです。上前の裏にかぎ形を、下前の表にかぎを受ける金具を付けます。かぎ形は、表になるべく糸がでないように付けます。下前に付ける金具は、裏に糸が出てもかまいません。

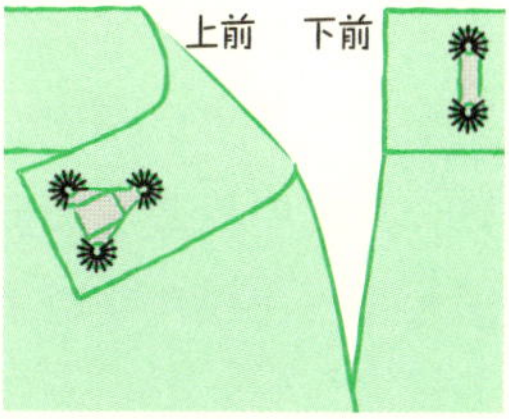

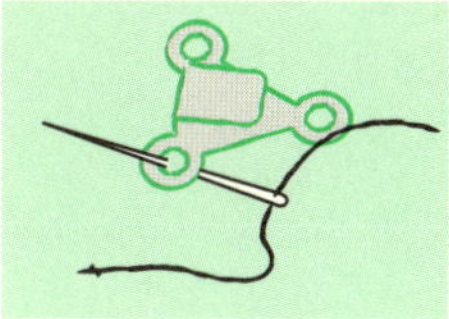

1. まず、かぎ形を付ける。布を少しすくい、かぎ形の穴から針を出す。服の表に糸が出ないように、裏の布だけすくう。

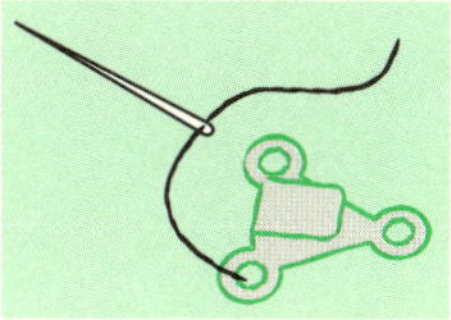

2. 穴から糸を出す

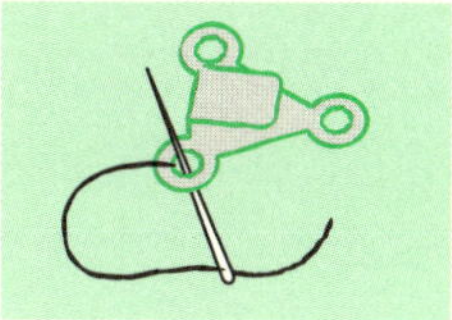

3. 穴の外側のきわに針を入れ、穴の中から針を出す。

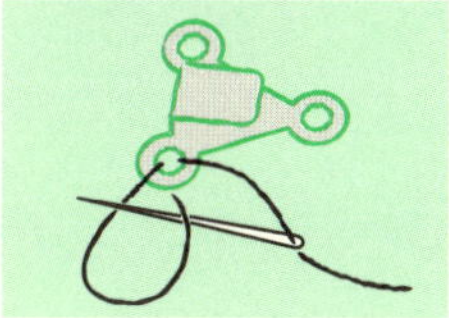

4. 糸を引いてできた輪に、下から針をくぐらせる（スナップと同じ）。これを3～4回繰り返す。

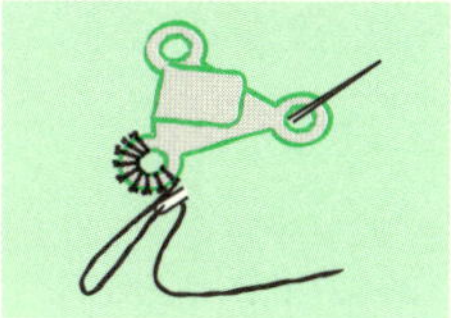

5. かぎ形のきわから布をすくい、次の穴から針を出

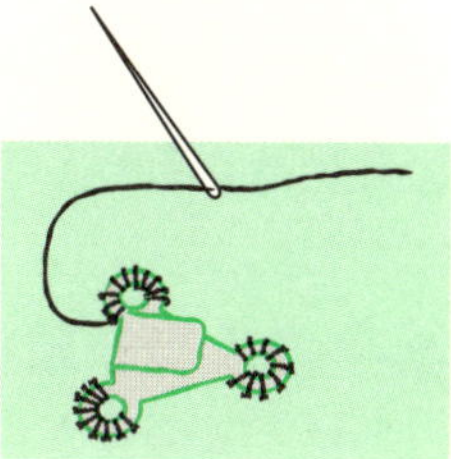

6. 3つの穴を同じようにとめ、最後の穴のきわに玉止めをつくる。

7. かぎ形の下を通って反対側に糸を出し、切る。

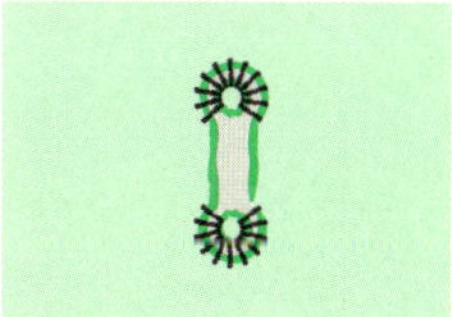

8. 同様に、受けの金具も下前に付ける。

裁縫の基礎の基礎

26 すそ上げをする

スカートやズボンの丈を直したり、すそがほつれたときに用いる方法です。すそ上げでは、表地に少しだけしか糸の出ない、針目の目立ちにくい縫い方をします。糸は布地に近い色を選んで、目立たないようにしましょう。

縫う前に

すそは長いので、縫っていくうちにずれてきます。まち針をうつか、しつけをかけておきましょう。

まち針は、縫う方向に対して、直角になるようにとめます。とめる順番は図のようになります。

まち針のうち方

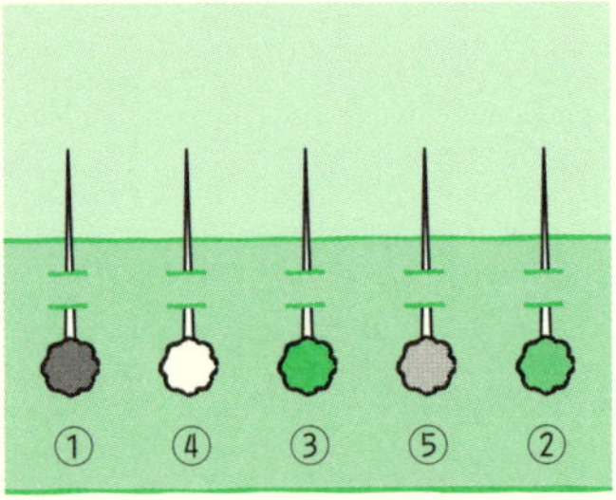

基本のまつり縫い

糸は１本取りです。布地は三つ折りにします。

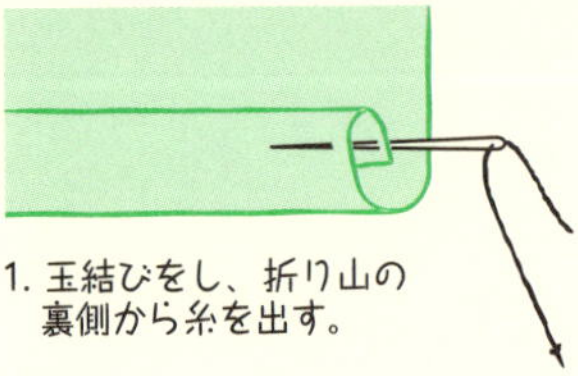

1. 玉結びをし、折り山の裏側から糸を出す。

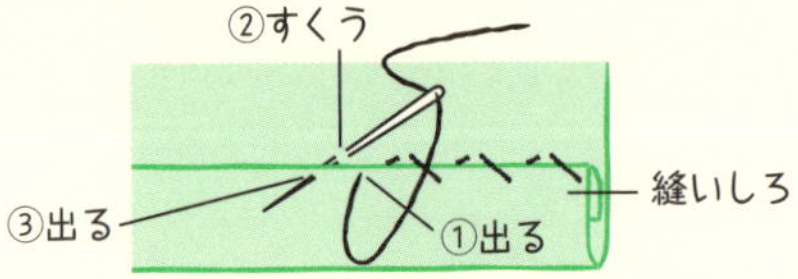

2. ５mmくらい先の表地を１mmほどすくい、さらに５mmほど先の折り山の裏から針を出す。これを繰り返す。

千鳥がけ

しっかりとめることができるので、厚い布や伸びる布、ズボンのすそなどに適しています。まつり縫いとは、反対方向に縫い進めます。

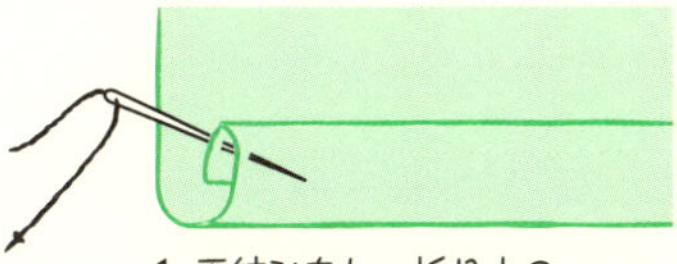

1. 玉結びをし、折り山の裏側から糸を出す。

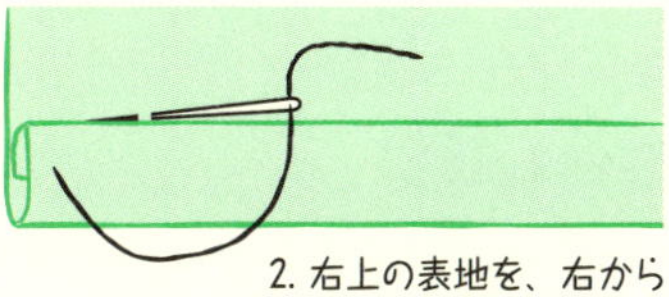

2. 右上の表地を、右から左に１mmほどすくう。

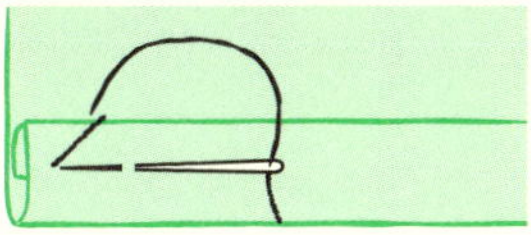

3.右下の折り山を、右から左に少し（2mmくらい）すくう。

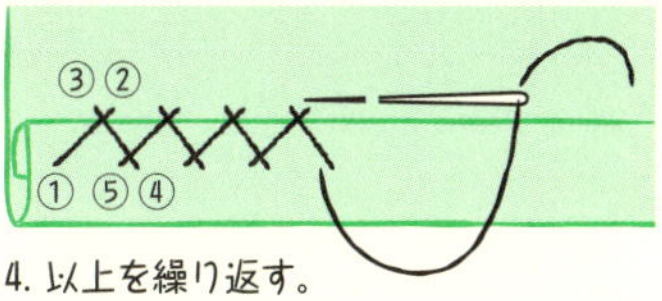

4. 以上を繰り返す。

すそがほつれたときの応急処置

ほつれた糸をむやみに引っ張ると、どんどんほつれてしまいます。以下のほつれを止める方法を覚えておくと、便利です。

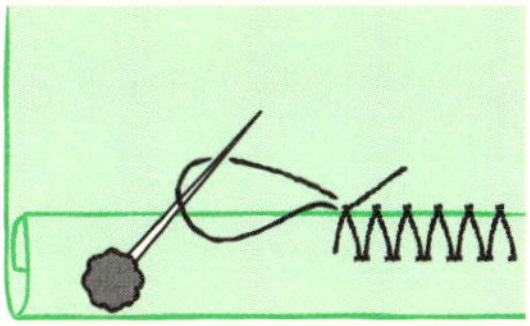

1. 輪になっている糸を探し、針でそっと引く。

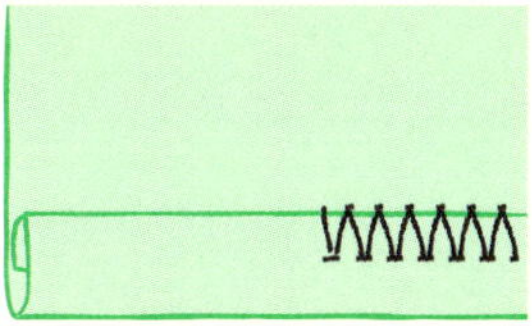

2. 近くの糸と結び合わせ、余分な糸を切る。

裁縫の基礎の基礎

27 ほころびを直す

服のミシン目がほつれてきた場合、わざわざミシンを持ち出さなくても、手縫いで修復する方法があります。ほつれた部分だけでなく、縫い始めと縫い終わりを少し重ねて縫うと丈夫になります。元々使っていたものと似た色の糸を使いましょう。

本返し縫い

並縫いや半返し縫いより丈夫な縫い方です。表からはミシンの縫い目のように見えます。

本返し

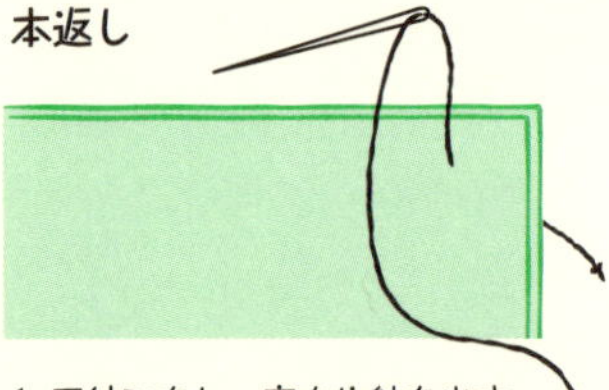

1. 玉結びをし、裏から針を出す。

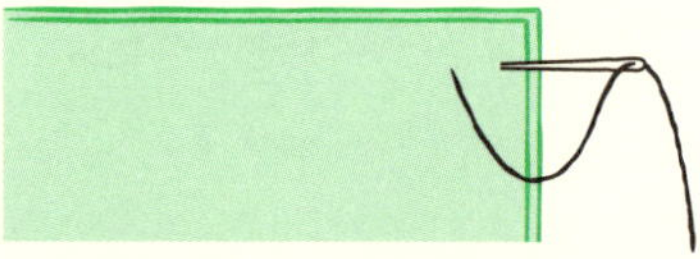

2. ひと針分戻って、針を刺す。

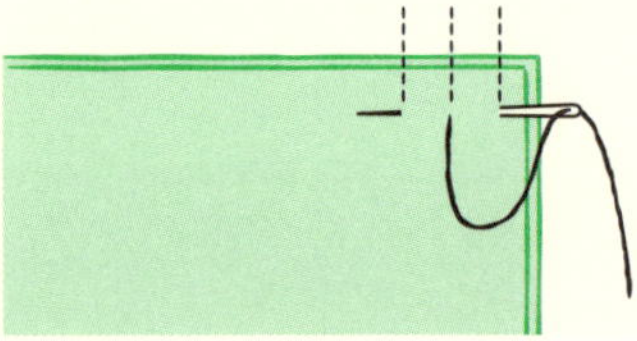

3. そこからふた針分進んだ所に針を出す。このように、ひと針戻ってふた針分進むを繰り返す。

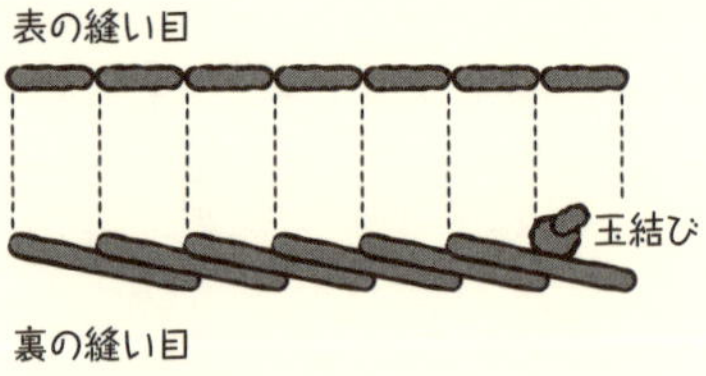

4. 表の縫い目はだいたい0,3〜0,5cmくらい。

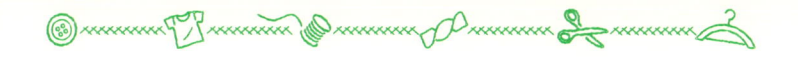

半返し縫い

並縫いより丈夫な縫い方です。表は並縫いのような縫い目になります。伸び縮みする素材や薄い生地に向いています。

半返し

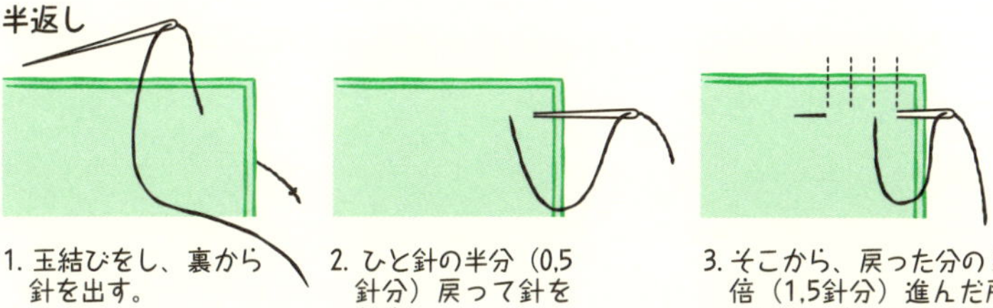

1. 玉結びをし、裏から針を出す。

2. ひと針の半分（0,5針分）戻って針を刺す。

3. そこから、戻った分の3倍（1,5針分）進んだ所に針を出す。このように半針ずつ返しながら縫っていく。

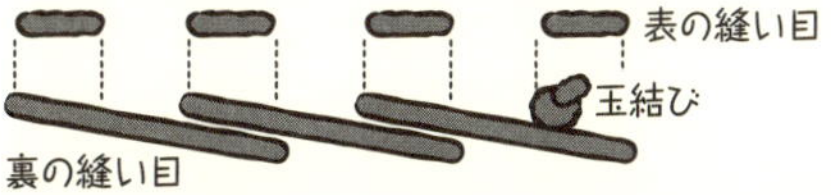

4. 表の縫い目はだいたい0,3〜0,5cmくらい。

かがり縫い

ほつれた布端の始末や、破れた部分を閉じるときに使います。

かがり縫い

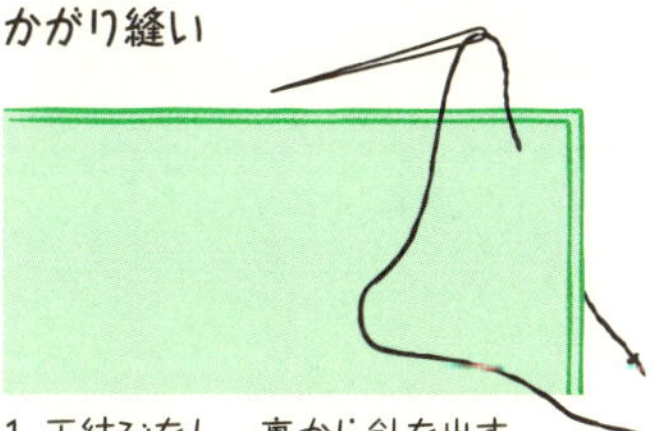

1. 玉結びをし、裏から針を出す。

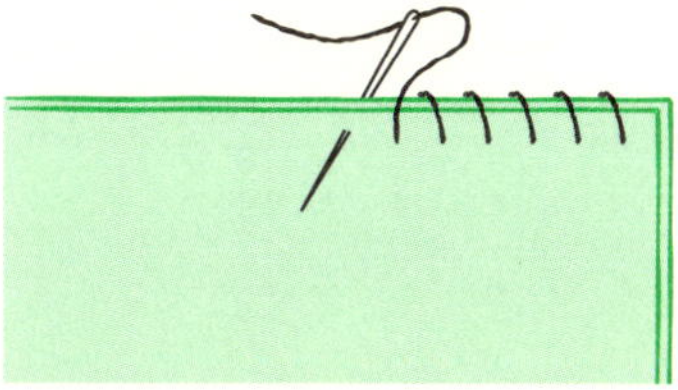

2. 2枚の布の端を巻くように縫っていく。

裁縫の基礎の基礎

28 巾着袋を作ろう

巾着《きんちゃく》は、袋物のきほんです。旅行の時小物を入れたり、上ばきや体操服を入れたり…子どもが保育園や幼稚園、学校に行くようになると必ずといっていいほど必要になってきます。

ミシンがあれば早くできますが、手縫いでも大丈夫。ここでは、両方紹介します。

1. 袋の大きさを決めて印を付け布を裁つ。縫う所や布を折る所の印も付ける。

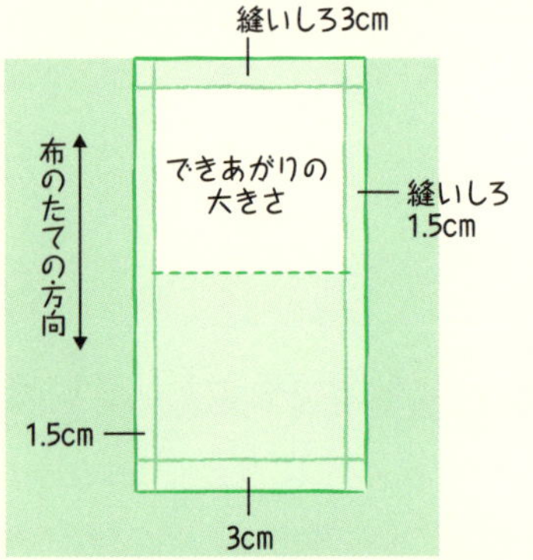

2. 布端をしまつする。手縫いなら、かがり縫いをする。布のみみなどほつれない所は必要ない。

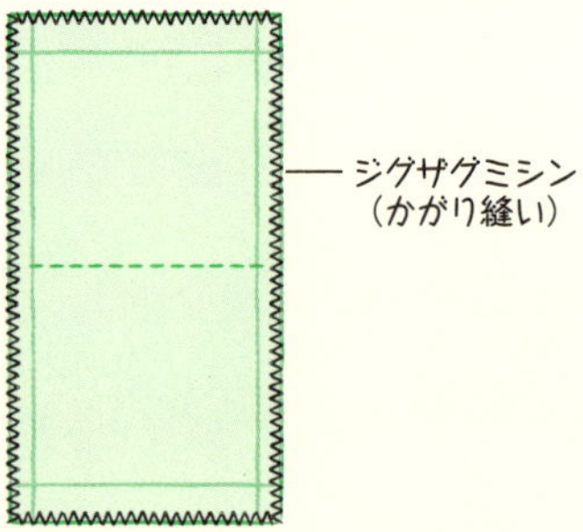

3. 布を中表にして二つに折り、まち針でとめるか、しつけをかける。脇を、あき止まりまで、縫う。手縫いなら細かい並縫いか、並縫いの2度縫いで。

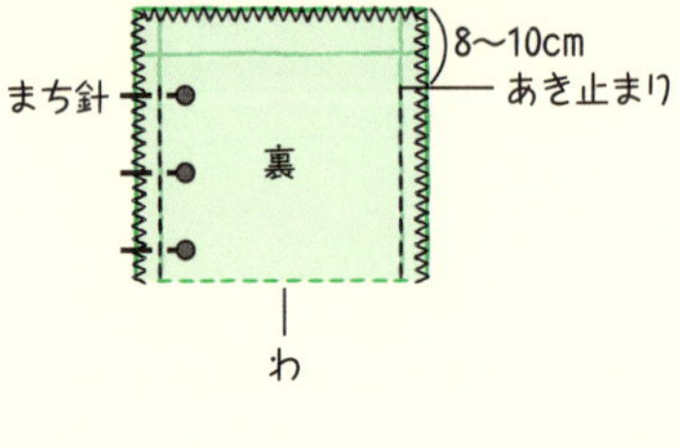

4. 脇の縫いしろを開き、三つ折りにして、あき口を縫う。あき止まりは、とくにしっかり縫う。手縫いの場合は、本返し縫いか半返し縫いで丈夫に。

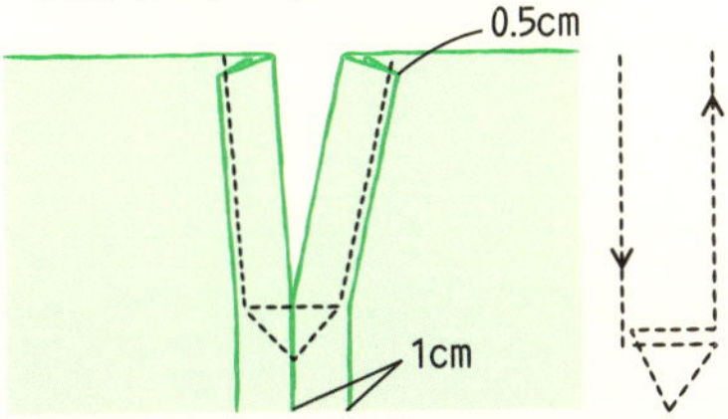

5. ひも通し口を三つ折りにする。

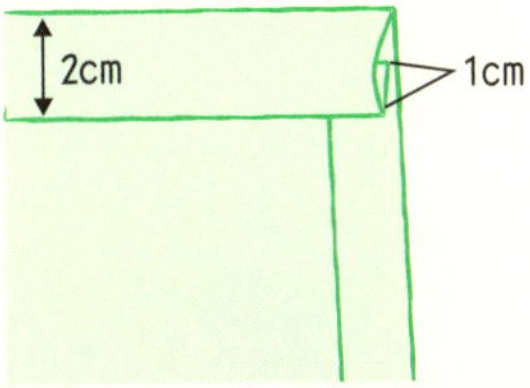

6. ひも通し口を縫う。手縫いのときは、並縫いでもよいが、まつり縫いだときれいに仕上がる。

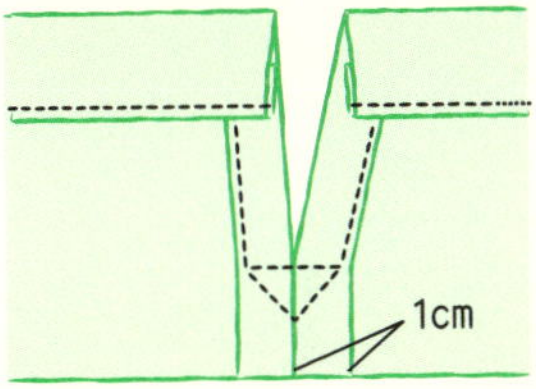

7. 片方のひもを通す

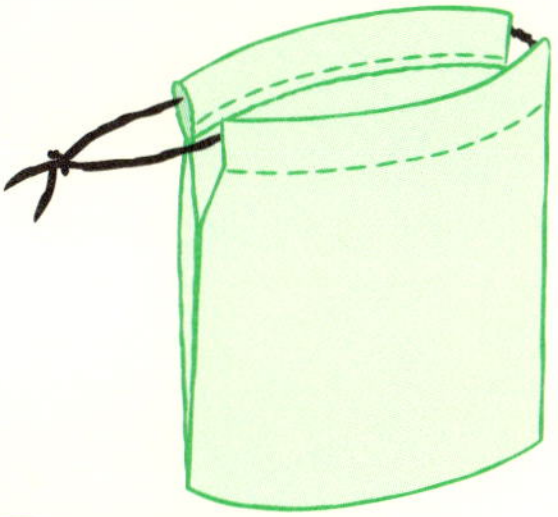

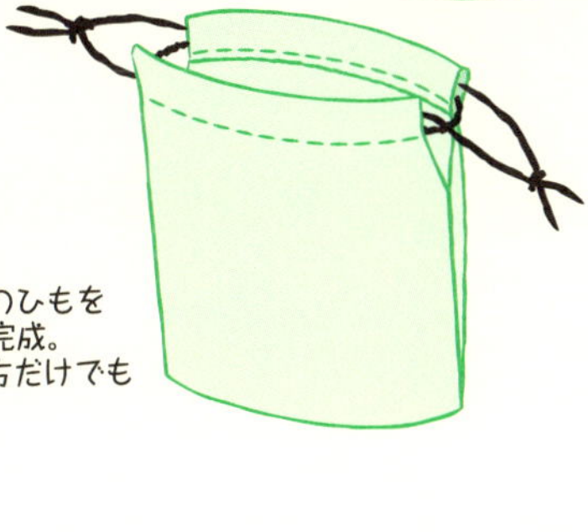

8. もう片方のひもを通して、完成。ひもは片方だけでもOKです。

ここがコツ! 縫い始めと終わりは、返し縫いをして丈夫に!

第3章

住——もっと快適に

エコ＆シンプル掃除術

29 洗剤を知ろう

汚れが落ちるのは、①洗剤の中の界面活性剤という成分が、汚れを浮き上がらせる、②酸性の汚れにはアルカリ性の液性で、アルカリ性の汚れには酸性の液性で中和させることによって汚れを落とす、というしくみからです。

汚れの性質と洗剤の関係を知っていれば、掃除方法もシンプルになり、洗剤の数もずいぶん減らすことができます。ここでは、環境にも体にも負担が少ないアイテムを紹介します。

重曹（炭酸水素ナトリウム） 弱アルカリ性

油汚れや手あか、湯あかなど、酸性の汚れを中和し、落とします。また、消臭剤、研磨剤にもなります。

重曹は、ふくらし粉や胃薬などにも使われ人体に無害なので、手あれの心配がありません。掃除に使う場合は、純度が低く、粒子の粗い、工業用の安いもので充分です。薬局で手に入ります。最近は、洗剤売り場でも見かけるようになりました。

使用方法：粉…蓋付きのふりかけ容器に入れると便利です。

重曹水…ぬるま湯250mlに重曹大さじ１を溶かし、スプレー容器に入れて使います。

重曹ペースト…水1に対し重曹2くらいの割合で混ぜて練ります。

注意： アルミには黒ずみ、畳には黄ばみの原因になるので使用しないほうが良いでしょう。

クエン酸（酢）　酸性

レモンや梅干しの酸味成分がクエン酸です。酸性なので、水あかやせっけんかす、尿などアルカリ性の汚れを溶かす力があります。尿や魚の生臭さなどアルカリ性の臭いも中和・消臭します。また、雑菌の繁殖を抑える働きもあります。重曹やせっけんを使った後にクエン酸をスプレーすると、中和され、リンスのような効果があります。

クエン酸は薬局で購入できますが、食用酢でも代用できます。その場合、ポン酢や寿司酢など調味料が入っているものはベタベタするのでやめましょう。穀物酢が良いでしょう。

使用方法： **粉**…蓋付きのふりかけ容器に入れます。

クエン酸水…クエン酸小さじ1、水200mlを混ぜ、スプレー容器に入れて使います。

酢水…食用酢を2～5倍に薄めます。どちらもボトルに入れっぱなしにすると、酢の成分が金属を腐食させることもあるので、1週間くらいで使い切りましょう。

注意： クエン酸や酢などの酸性と塩素系の洗剤が混じると、有毒な塩素ガスが発生して非常に危険です。

大理石に使うと、表面がくもってつやがなくなり、鉄に使うとさびの原因になるので、使用はやめましょう。

せっけん　アルカリ性

界面活性剤が、脂肪酸ナトリウム、または脂肪酸カリウムだけで、添加物を含まないせっけんをとくに純せっけんと呼んでいます。これらの界面活性剤に炭酸塩を加えてアルカリ性を強化し、洗浄力をアップさせているせっけんもあり、こちらの方が使いやすいという人もいます。

これに対して、上記以外の界面活性剤を合成して作られたのが、合成洗剤です。

本書では、「合成洗剤」ではなく、排水後、水生生物への影響が小さいと言われる「せっけん」を使います。

使用方法： **せっけんペースト**…粉せっけんを湯で溶かします。粉せっけんと湯の分量はお好みですが、粉せっけん大さじ2に200mlくらいから試してみましょう。

液体せっけん…自然食品店や生協、大型スーパーなどで購入できます。食器洗いに便利です。

固形せっけん…ブラシなどでこすり取って使います。

便利な万能クロス・スポンジ・たわし

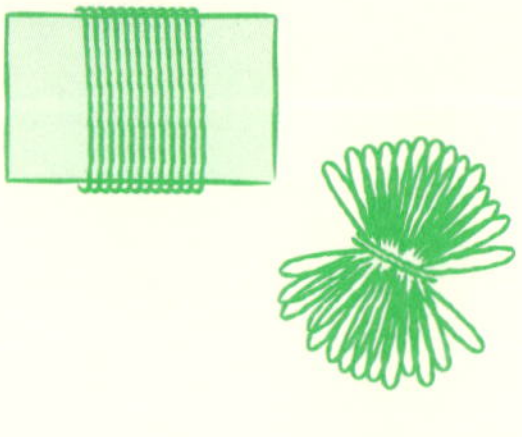

アクリル毛糸で作ったアクリルたわしが便利です。ちょっとした油汚れなら洗剤なしでも落とせます。とくに茶渋は、感動的なくらい。アクリル毛糸で四角や丸く編むだけです

が、できない人は、12cmくらいの厚紙にアクリル毛糸を50回くらい巻き、真中をくくって作ります。

　他にマイクロファイバーのクロスやメラミン樹脂のスポンジなども、繊維が細かく、洗剤がなくても、汚れが落ちやすく傷がつきにくい優れものです。お風呂で使うナイロンタオルは、頑固な汚れ落としに便利です。

エコ＆シンプル掃除術

30 キッチンを磨こう

キッチンの油汚れは、重曹・クエン酸・せっけんで充分落とすことができます。重曹やクエン酸はもともと口に入るものですから、とっても安心です。ここでは、これらの洗剤の使い方を紹介しましょう。

まず、三角コーナーを廃止する

三角コーナーは、すぐヌメヌメして、掃除するのがおっくう。ならば思いきって廃止しましょう。生ゴミは、チラシで作った生ゴミ入れに入れ、そのまま捨てます。

生ゴミ入れの折り方

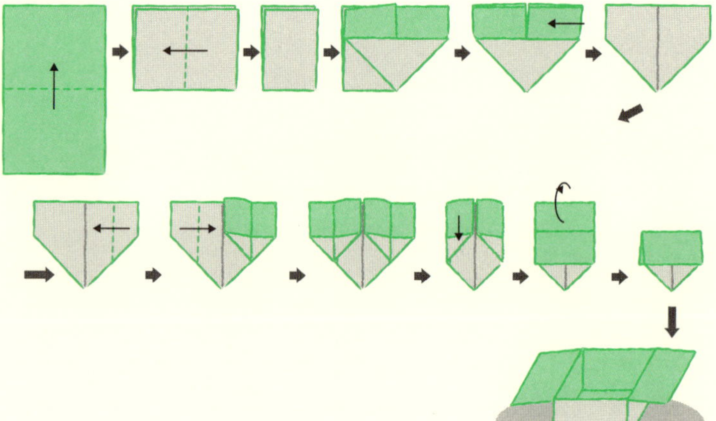

食器・鍋・フライパンの油汚れはふき取ってから洗う

油汚れの食器や鍋・フライパンは、ボロ布でふき取ってから洗います。ティーバックや麦茶のパック、お茶がらは、鍋やフライパンのふき取りに最適です。

油分をふき取ったら、アクリルたわしなど(142頁参照)を使ってお湯で洗います。ヌルヌルが気になるときは、せっけんで洗います。せっけんは液体が使いやすいですが、粉でも固形でもかまいません。

魚焼きグリルにみかんの皮

受け皿に、水といっしょにかんきつ類の皮を入れて使います。かんきつ類の皮の成分で油が落ちやすくなり、使った後で洗うとき、ぐっとラクになります。皮は冷凍しておけば、いつでも使えて便利です。

シンクは重曹で磨く

重曹パウダーをふりかけ、アクリルたわしやメラミンスポンジなどでこすります。油汚れがひどいときは、せっけんで洗います。汚れが落ちたら、クエン酸をスプレーして中和させてから最後に水で洗い、流します。さらに、水気をふき取っておけば完璧です。

水あかのある場合は、クエン酸をスプレーしてこすります。

蛇口の水アカはクエン酸で磨いて

クエン酸をスプレーし、クロスで磨きます。細かい部分は古歯ブラシを使うといいでしょう。水で洗い流したら、水気をふき取ります。

排水口のぬめりは発砲させて取る

水切りかごや排水口の内側は、せっけんをつけて古歯ブラシでこすります。古歯ブラシは、割り箸を輪ゴムでとめ、長さをつぎたしておくと、奥の方まで届いて便利です。

排水口のぬめり取りは、重曹を1/2〜1カップ振り入れ、クエン酸水1カップを流します。ジュワーっと発砲するので、できれば蓋をして、30分以上（一晩でもいいです）置いておきます。最後にやかんいっぱいくらいの熱い湯を流します。ぬめりと臭いが取れ、パイプの通りが良くなります。

ガスレンジは使っている最中に小まめにふく

普段から、温かいうちに油などの汚れをふき取るだけでもずいぶん汚れが取れます。

取れにくくなったら、重曹ペーストを塗って、しばらくおいてからこすり取ります。もっとガンコな汚れの場合は、せっけんペーストを塗って汚れを浮き上がらせ、重曹で磨きます。

重曹やせっけんをふき取り、クエン酸をスプレーします。最後にからぶきして水気をふき取っておきましょう。

五徳や受け皿も同様にして掃除します。

壁も重曹→せっけん→クエン酸

油で汚れた壁は、重曹を付けてアクリルたわしやナイロンタオルで磨きます。

汚れがひどいときは、せっけんペーストを塗り付け、その上にキッチンペーパーを貼り付けパックします。しばらく置いたら、布でふき取ります。

クエン酸をスプレーしてからぶきします。

換気扇はペーストで落とす

取りはずせる部品は全て取りはずします。それらにせっけんペーストを塗って、汚れが浮き上がってきたら重曹で磨いていきます。汚れがひどい場合は、せっけんペーストの上にラップで覆い、パックをします。

レンジフードは重曹水をスプレーして、ふきます。

電気ポットの水あかはクエン酸（酢）で

水１ℓに対しクエン酸（または酢）を大さじ3を入れ、沸騰させて一晩置きます。水ですすげば、水あかがすっきり落ちます。

やかんの内側の水あかも、同じ方法で落とします。

冷蔵庫は抗菌作用のあるクエン酸で

棚やポケットなどのはずせるパーツは、取りはずしてせっけんで洗います。こびりついた汚れは重曹をつけてこすり落とします。はずせない部分は、せっけん水を固く絞った万能クロスでふきます。汚れが取れたら、雑菌の増殖を抑える効果のあるクエン酸水をスプレーして、からぶきをします。

ゴキブリ対策

①生ゴミなどの汚れを残さない（空き缶もゆすいでおく）
②水分をふき取る（ゴキブリは乾燥が嫌い）
③細いすき間を掃除する（なるべくならすき間を作らない）

ここがコツ!
カウンターやシンクに水気を残さない。
ピカピカシンクはゴキブリも嫌い。

エコ＆シンプル掃除術

31 水まわりの簡単掃除

お風呂場に洗面所にトイレ…水まわりはとかく汚れやすく、汚れが目立つ所でもあります。なんといっても汚れをためないのが大事。毎日５分でいいので、ササっと掃除しましょう。

トイレやお風呂など、使いながら目に付いた所をふいたり、使ったあとサッと磨くだけでもずいぶん違います。

なんだかやる気がおきないときは、タイマーをかけて、きっかり５分だけ掃除するのはいかがでしょう。集中すると、５分でも案外長いもの、けっこうきれいになりますよ。

バスルームは水気を残さない！

＊浴槽＊

重曹をふりかけ、アクリルたわしか万能クロスで洗います。スポンジはややカビやすいのですが、アクリルたわしや万能クロスは乾きが早く、カビにくいのでおすすめです。

汚れが落ちにくかったら、せっけんを付けてこすります。せっけんの代わりに、使わなくなって残ってしまったシャンプーでも、よく落ちます。最後に水で洗い流します。

5分掃除　浴槽は、お風呂から出るときに、お湯をぬきながら、スポンジでこすって掃除してしまうと、重曹やせっけんを付けなくても汚れが落ちます。後から掃除するより、ずっと楽です。最後は冷水シャワーをかけて、浴室に湿気がこもらないようにしておきましょう。

＊バスルームの床・壁＊

床も壁も、せっけんを付けてブラシで磨きます。それでも取れない汚れは重曹をふりかけ、こすります。あとは、よく水で洗い流します。

床と壁の掃除のあとは、水分をふき取っておくと、防カビ効果がかなりアップします。ただし、水分を全部ふき取るなんて、かなり面倒くさいです！カビの掃除とどっちがラクか考えて、毎回は無理でもがんばってみてください。

＊シャワーヘッド・水栓金具＊

重曹を古歯ブラシに付けてこすります。汚れが落ちにくい場合は、クエン酸水をスプレーして磨きます。

それでも落ちないガンコな汚れは、部品を取りはずしてクエン酸水に一晩浸け置きしておくか、ティッシュペーパーにクエン酸水を浸して、汚い部分をパックしてみてください。

汚れが落ちたら、水で洗い流し、からぶきします。

＊洗面器・風呂用イスなど＊

重曹をふりかけ、アクリルたわしか万能クロスで磨きます。仕上げにクエン酸水をスプレーし、水分をふき取ります。

＊シャンプーなどのボトルやせっけん箱＊

せっけんかすにはクエン酸が効果的。クエン酸水をスプレーし、こすります。そのほかの汚れは、重曹でこすり落とします。最後に水気をふきます。

＊バスルームのカビ＊

重曹をふりかけ、アクリルたわしやブラシでこすり落とします。壁には重曹ペーストをブラシに付けてこすります。水で流し、クエン酸水をスプレーします。最後は水分をふき取っておきます。クエン酸はカビ防止にもなります。バスルームのカビ対策は、

①湿気を取る（お風呂の後は冷水シャワーで冷やす、水気をふく、換気をする）

②汚れを残さない（せっけんかすや人のあかはカビの栄養になる）です！

洗面所は、蛇口と鏡が光っているときれいに見える

＊洗面台＊

重曹をふりかけ、アクリルたわしやメラミン樹脂のスポンジなどでこすります。汚れが取れなかったら、せっけんを加えこすり落としましょう。水ですすぎ、水分をふき取ります。

＊鏡＊

落ちにくい汚れにはクエン酸水をスプレーして、布でふき取ります。

5分掃除 メラミン樹脂のスポンジで洗面台と鏡をこすり、万能クロスでからぶきします。

トイレの臭いには、クエン酸水スプレーが効く

＊便器＊

便器の内側は、重曹をふりかけ、トイレブラシでこすります。尿の汚れは、トイレットペーパーをあて、クエン酸水をス

プレーして湿布します。そのまま数時間置いておき、重曹をふりかけて磨きます。

便器の付け根、便座、蓋の部分も尿の汚れがたまりやすい所です。クエン酸水をスプレーしてふき取ります。

5分掃除 便器の内側はクエン酸水をスプレーして、ブラシでこすります。便座やそのほか目に付いた汚れをトイレットペーパーでササっとふいておきます。

エコ＆シンプル掃除術

32 リビングをすっきりと

ふだんのリビングの掃除は掃除機をかけるくらいで、他にはとくに…という人が多いのでは？でも、お客様がみえると、窓も照明器具も汚れが急に気になりだします。大掃除のときだけでなく、窓や照明器具を掃除してみましょう。きっと部屋が明るくなりますよ。

照明器具はペンダントタイプなら吊り下げたままでＯＫ

樹脂製の天井付けの照明カバーは、取りはずし、せっけん液を含ませたボロ布でふきます。万能クロスで水ぶきして、せっけん分をふき取ります。

吊り下げるタイプは、取り外さずに掃除します。まず、ペーパータオルを洗面器に広げ、せっけん水を入れてしみ込ませます。それをシェードにすき間なく貼り付け、2～3分置いておきます。ペーパータオルをはがし、万能クロスで水ぶきします。

どちらも完全に乾いてから使用しましょう。

網戸は、挟んで掃除で効率よく

網戸の片側に新聞紙をテープでとめ、掃除機をあて、ほこりを吸い取っておきます。

次に、2つのスポンジにせっけん水を付け、泡立てます。スポンジで網戸を挟み、上から下へと動かして汚れを取ります。

スポンジが汚れたら、バケツの水で洗って、またせっけん水を付けます。仕上げに、万能クロス2枚で網戸を挟んで水ぶきします。

窓ガラスは水ぶきでもきれいになる

水ぶきしてから、からぶきします。これで砂ぼこりやほこりなどの汚れは落ちます。新聞紙を丸め、水で少しぬらしてこする方法も汚れがよく落ちます。仕上げは乾いた新聞紙でふくと、インクの成分でピカピカになります。

サッシのレールは、掃除機にすき間用のノズルを付けて、ほこりを吸い取っておきます。残った汚れは、割り箸にボロ布を巻きつけて重曹ペーストを付け、こすり落とします。水で洗い流すか、ぞうきんで水ぶきします。

床はクエン酸水でさっぱりと

掃除機かほうきでゴミを取っておきます。フローリングは、目に沿って掃除機をかけます。溝の汚れは綿棒でこすり取ります。クエン酸水を含ませたぞうきんで、ふきます。クエン酸水をスプレーしながらふいていっても良いでしょう。米のとぎ汁でふくとつやも出ます。どちらもからぶきで仕上げます。

ビニールクロスのこびりついた汚れは、せっけんペーストを塗り、汚れを浮き上がらせて、重曹をふりかけこすり落とします。せっけんや重曹をふき取り、仕上げにクエン酸水でふきます。

畳はからぶきが原則

畳は目に沿って、ほうきか掃除機で、ほこりやごみを取り除きます。仕上げにからぶきをします。畳はカビやすいので、水ぶきは汚れが目立つときだけにしましょう。クエン酸水を浸し、かたくしぼったぞうきんでふいた後、しっかりからぶきします。晴れた日に行い、よく風を通し、乾かします。

棚は傷めないように、材質にあった方法を

木の棚は、クエン酸水を浸した布をかたくしぼって、ふきます。

スチールの棚は、ほこりを取り、こびり付いた汚れは重曹をふりかけた万能クロスやアクリルたわしでこすります。重曹を布でふき取り、仕上げに水ぶきします。

クエン酸を使うと、サビることがあるので、やめましょう。

おさらいのおさらい

ちからだめしチェック15問

答えは、→のページを見て考えてね。

1
ごはんに芯が
あったら
どうする？
→P.15

2
あさりの砂出し
はどうする？
→P.25

3
じゃがいもを
ゆでるときは、
水に入れる？
お湯に入れる？
→P.28

4
大さじ１杯は
小さじ何杯分？
→P.44

5
料理のさしす
せその「せ」
は何？
→P.46

6
ブロッコリーで
一部が紫色になって
いるものは古い？
→P.57

7
「ひたひた」って
どれくらい？
→P.47

8
国産牛と
和牛の違いは
→P.58

9
カリフラワーの
旬はいつ？
→P.61

10
劣化が速い食品の
期限表示は
消費期限？
賞味期限？
→P.63

11
サプリメントは
薬？食品？
→P.76

12
「塩分ひかえめ」と
「塩分ひかえめ味」、
含まれる塩分に基準
があるのはどっち？
→P.81

13
カルシウムの
吸収を助ける
栄養素は何？
→P103

14
何のシミだか
わからないときは、
まずどうする？
→P.124

15
油汚れに
使うのは重曹？
クエン酸？
→P.140～141

主な参考文献

うまいごはんの炊き方練習帖　塩田ミチル監修　リヨン社

包丁さばき基本の基本　古田亨監修　学習研究社

はじめての台所　浅田峰子　グラフ社

おいしいお茶の基本　世界文化社

無駄なくスピード･クッキング！冷凍保存節約レシピ　岩崎啓子　日本文芸社

食の冷凍・解凍・保存事典　堀江ひろ子　ブックマン社

五訂増補食品成分表　女子栄養大学出版部

栄養の基本がわかる図解事典　中村丁次監修　成美堂出版

最新版病気を治す栄養成分Book　永川祐三　主婦と生活社

Q&Aでわかるおとなの食育新常識100　若村育子　主婦の友社

食品表示どちらが安全？　垣田達哉　リヨン社

安全な食品の選び方がわかる本　阿部絢子　PHP研究所

洗濯・衣類のきほん　池田書店編集部編　池田書店

お洗たくの練習帖　リーブ主婦ネットワーク編　リヨン社

重曹・石けん・クエン酸　ピカピカそうじ&洗濯術
かわさきかえるプロジェクト／NPO法人川崎市民石けんプラント監修　日本文芸社

重曹で暮らすナチュラルライフ　ピーター・キウロ　ブロンズ新社

親子のじかん　こどもとおぼえる包丁の使い方　包編集室編　自由国民社

消費者庁・食品表示課のHP
http://www.caa.go.jp/foods/index.html

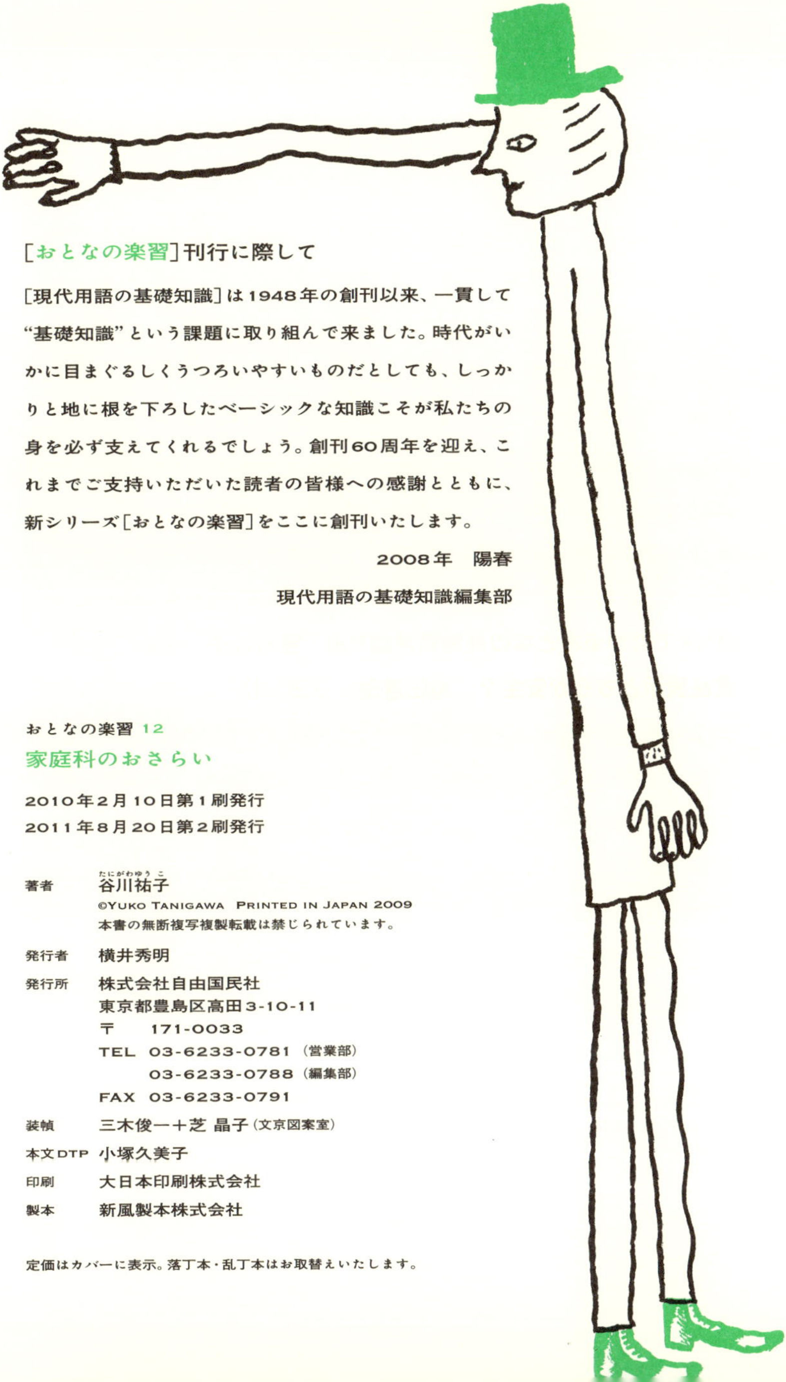

[おとなの楽習]刊行に際して

[現代用語の基礎知識]は1948年の創刊以来、一貫して“基礎知識”という課題に取り組んで来ました。時代がいかに目まぐるしくうつろいやすいものだとしても、しっかりと地に根を下ろしたベーシックな知識こそが私たちの身を必ず支えてくれるでしょう。創刊60周年を迎え、これまでご支持いただいた読者の皆様への感謝とともに、新シリーズ[おとなの楽習]をここに創刊いたします。

2008年　陽春

現代用語の基礎知識編集部

おとなの楽習 12

家庭科のおさらい

2010年2月10日第1刷発行
2011年8月20日第2刷発行

著者　谷《たに》川《がわ》祐《ゆう》子《こ》

発行者　横井秀明

発行所　株式会社自由国民社
東京都豊島区高田3-10-11
〒　171-0033
TEL　03-6233-0781（営業部）
03-6233-0788（編集部）
FAX　03-6233-0791

装幀　三木俊一＋芝 晶子（文京図案室）

本文DTP　小塚久美子

印刷　大日本印刷株式会社

製本　新風製本株式会社

定価はカバーに表示。落丁本・乱丁本はお取替えいたします。